U0060375

楚狂人
投資致富
SOP2

著

《楚狂人投資致富SOP》
《主力作手不願告訴你的操作祕訣》
讀者都說讚！

玩股網的讀者：

Tim：我翻完第一次，現在又再翻第二次，又搭配SOP一起看，在很多時候，幫了我一把。

權證蘋果龍：讓我獲益匪淺的地方在於：坊間的書有8成都是教人如何買「多方」的股票。但就像楚大書中提到的：「多、空其實有景氣循環的，頂多就是夾雜著盤整。」也因此從大部分的書中都看到如何在多頭時候投資。但經過楚大的新作以後，我發現更多以前欠缺的觀念，不僅可以明哲保身，甚至可以「苦中得樂」，在空頭的氛圍下依舊可以找尋獵物出手。文中淺顯易懂的案例與線圖，提供許多意想不到的功效！

搖滾貓咪：最新這本＋上次那本sop，都已經看兩次了。每天都擺在我的書桌上，當教科書研讀。當初聯考時，也沒那麼認真k過書呀！

　　sue：楚大真的是很厲害很棒的人。我買過很多投資的書，包括胡立陽的決戰100招＆50招系列，當然胡立陽也是很厲害，但是我覺得你這本書是我受惠最多的一本，因為在書中我終於弄懂很多的觀念和名詞。楚大自己是很資深的股市人，能把你的投資經驗轉化為諄諄教誨的祕訣提醒我們，這是讓我忍不住要上來留言，大大褒揚你一番的原因。我是一個資淺＆保守的投資人，我要的不多，只是想投資時能趨吉避凶就行了。看了楚大的前兩本書和近期這本後，讓我心裡更篤定如何看訊號退場，何時是適當買點，也更踏實更有安全感了。期望你一段時間後能再繼續出書，分享你的寶貴經驗。

　　crystal1788：這星期帶小孩去溜直排輪，小孩跌倒去扶她起來，就將書收好放在包包上，居然不見了，而我GUCCI

包還在，所以這次我要跟楚大訂有簽名的書（這小偷也知道，此書可以讓他賺更多）

Facebook的讀者：

江小姐：您好，我是您新書的讀者，我覺得這本書對我來說非常受用，因為我一直想買中鋼或中華電或台灣50這類買了可放著長期投資的股票，但對於買什麼價位及何時進去，一直完全沒有概念……看了您的書之後，現在心裡已經有很清楚的藍圖，在這裡也要向您說聲感謝！！^^

林先生：狂大大出祕笈後，主力做手又開始要煩惱了@@哈！

陳小姐：這次的新書寫得真好，本來我家老公一直叫我不要買，結果我一拿到書後，反倒是他霸著不放。

王先生：楚大兩本書我都有買，真的受益良多，對我這個初學者而言教會我很多錯誤的觀念。我也看了坊間一些

技術分析的書，但就是沒有楚大的易懂，真的給你大大的讚啦！

（讀者迴響熱烈，僅摘錄一部分，並做符號、錯漏字上的編輯處理）

自序
來！跟緊我走過的路

很多人問過我投資能不能致富？

我可以跟你保證：100％能！

從世界級的股神巴菲特到金融大鱷索羅斯，台灣的張松允到張天福無不是靠著投資理財致富身價數十億到數千億，所以……

投資當然能夠致富！

那為什麼絕大多數投資人並沒能靠投資理財賺到足以提早退休的財富呢？

因為，大多數人投資的方法和態度是錯誤的。

只要能學習到正確而且有效的投資方法，其實每個投資人都很有機會可以靠投資理財富足一生。

去年（2011）我寫了兩本投資書，第一本《楚狂人投資致富SOP》把我每天操作和觀察盤勢的技巧分享給大家，第

二本《主力作手不願告訴你的操作祕訣》教給大家更多更進階的投資和投機技巧。兩本書都是一上市就衝到博客來銷售第一名的超級暢銷書。

而這一本《楚狂人投資致富SOP二》，我想講的東西更多更廣，從如何賺到和存到你的第一桶金開始。投資理財說穿了其實就是用錢來滾錢，老實說如果手上只有一萬塊要幾年就賺到一千萬當然是很難的，也是不切實際的，所以我這章希望先教大家如何省錢，如何多賺幾份薪水，早日賺到自己的第一桶金，然後才利用股市的力量來翻倍再翻倍。

我自己也是這樣，同時靠投資獲利，同時也開了兩家公司，開公司讓我財富增加速度多了一倍，我在第一章裡面會教大家一些比較輕鬆又有效的賺錢方法。

第二章是重要的投資觀念。我一直覺得只要觀念正確，投資獲利是鐵板釘釘的事兒，只是賺多賺少的差別罷了，所以在帶大家上戰場以前，一定要先確定你是不是已經有了好

看到空頭吞噬，先閃人再說，因為掛點機率太高了。

的、正確的投資觀念，文中的投資理財觀念都是我自己親身體悟出的經驗，大家看過一定會覺得很有感覺。

第三章終於要上戰場了，每日操作和看盤SOP，從你應該要知道但是沒有人教過你的技術分析，到如何準確地判斷未來盤勢，再到進階的選股技巧，都會在這個章節跟大家講清楚，把前兩本沒有講的一次補齊，如果你有看過我前兩本書，這本你一定不能錯過。如果還沒有看過前兩本，先看過這本，以後請務必再回去補前兩本的內容，因為三本內容互相不重複，但是都非常實用和廣受讀者好評，少看一本就少學到很多實戰技巧，真是虧大了。

最後一部分是投資人容易陷入的迷思和謬誤，你仔細看這一章會發現時常說中你最常犯的投資錯誤，只要把這些錯誤改正，你會明顯地感受到投資績效有大幅度的進步。

如果你看完還覺得意猶未盡，歡迎到我的部落格（www. madchu. cc），或是我的facebook粉絲頁（www. face-book. com/madchu. fans），或是來最棒的財經網站「玩股

網」（www. wantgoo. com）看看，我幾乎每天都會在這些地方出沒。

　　來！跟緊我走過的路。我想這本書會對你很有幫助的。這是我衷心的盼望。

看到空頭吞噬，先閃人再說，因為掛點機率太高了。

目錄 Contents

Part 2

要上戰場了？
請先建立正確的投資觀念

Contents
目錄

Part **3** 進場實戰操作SOP

Part 4 最後提醒
投資人容易陷入的
迷思與謬誤

Part 1

進場投資前的準備工作
先存到第1桶金

01

每天花一分鐘
幫你提早10年退休

　　很多人會有個誤解，覺得自己窮是因為不會投資，所以趕快想辦法去投資。這句話是不對的，對一般人來說在進場投資以前應該要先自我檢視財務狀況，花一兩個月試著把日常生活中每一筆開銷都記錄下來，然後找一天下午來統計檢查一下，別忘了還要加上自己每年的必要花費，例如：紅白包、車險、保險費、孝親費……等等，再加上自己還欠多少貸款，有沒有跟親友借錢，利息多少。最後統計成一張表，這才是致富的第一步。

　　我幫朋友財務規劃的時候一定都會先強迫他們去回想自己平日花費，有趣的是90％以上的人都會在回想紀錄完以後很慚愧的看著我，原來我每天在不知不覺中花掉這麼多錢，難怪我很窮。這個自我檢視的動作對他們來說比我給他們任

華狂人投資致富SOP2

何投資建議都還要有價值。

為什麼這麼多的財務規劃師會建議客戶每天記帳，記帳並不是在限制你的花費，而是讓你能夠在記滿一個月或一年之後檢閱一下到底你平常主要開銷在哪些地方，是不是可以省下來，小錢花掉不心痛，一年累積下來看到會嚇死，之前很流行的「一天少買一杯拿鐵，二十五年後就是富翁」的觀念就是這樣來的，一天一杯Starbucks的拿鐵咖啡大概100左右，一個月大概花三千塊，一年三萬六，如果以年報酬率5％來算的話，二十五年你財產會少184萬；以年報酬率10％來算的話，你會少230萬可以花，這當然假設前提是咖啡不能漲價，不然會花更多錢。

而且你每天浪費的絕對不只一杯拿鐵的錢，可能有計程車、與朋友吃吃喝喝、KTV、換個新手機、買衣服包包、線上遊戲月卡……，我就不往下列，看了會辛酸。所以可能每個月竟然多花兩萬塊在莫名其妙的東西上，一年可以省下24萬，二十五年後可以多出2,620萬，這對退休族來說絕對算是一筆大數目。

　　我一個朋友大概七八年前就年薪百萬，他也不賭博、不買好車、沒有不良嗜好、沒有碰股票，可是前陣子我跟他說他的閒錢可以拿去投資台灣五十，他卻跟我說他沒什麼閒錢，我聽了不能理解，問他錢都花哪兒去了？他想了想回答我他也不知道，錢就這樣消失了。

　　於是我就讓他趕緊強迫自己每天記帳，起碼先搞清楚自己的錢溜到哪去，才能亡羊補牢，往財富自由的目標前進。

　　先別想著明天要去買哪支股票，那是第二階段以後的事，想要把自己財富的水盆加滿，先保證把漏水的地方補起來再說，畢竟「未先安內，豈能攘外？」你說對嗎？

　　但是也不要矯枉過正，覺得只要靠存錢就能致富，這對絕大多數人來說靠存錢致富是不可能的，存錢只是為了讓自己有投資的本錢，而不是只要存錢就可以提早退休，要靠存錢提早退休的基本門檻是年收入千萬以上，如果你的收入不到一千萬，那還是死了這條心，因為怎麼存也不可能存到足以退休的錢。

02

楚狂人教你
如何財務規劃DIY

　　幫人作財務規劃之後，才發現有很高比率的人喜歡把財務搞得很複雜，同時持有壽險、定存、共同基金、股票、不動產、連動債，兼有時玩玩期貨、選擇權，我看到都傻眼，從最保守的定存、壽險，到最積極、風險最高的期貨、選擇權，是要追求風險和獲利平衡嗎？還不只這樣，股票、基金可能還同時各持有五六檔，資產種類一攤開來擺滿整桌子，可是總值不超過兩百萬。這是何苦來由？

　　就像我時常提醒投資人不要持有太多檔股票（建議三檔以內，最多不超過五檔）一樣，也拜託不要持有太多種的投資工具。投資最終目標在於能夠持續且穩定的獲利，而不是在比賽誰的項目多，如果能夠年投資報酬率平均10％以上，

任何人25年後都會過得很滋潤。

　　當然依照每個人能夠承受風險程度的不同、理財知識的多寡、年齡大小、可支配金錢數量……，每個人都會有最適合自己的投資理財方式，基本上我是建議每個人都要自我檢視一番，算出自己每月、每年花費，每年能夠賺多少錢，如果以正常情況來看每年收入扣掉支出可以存下多少錢，照這種情況發展下去，投資以10％報酬率來算，退休能夠拿到多少錢？

　　另一種更好的方法是反推回去，你想要有什麼樣子的退休生活，一個月有多少錢零花，如果要達到這樣子的生活水平，那退休時你必須要有多少資產。假如你還有20年才退休，那你以10％報酬率來推算，每年應該要存多少錢？這時候事情就會非常清楚，可能你會發現：咦？照我現在的奢侈浪費程度，每年只能存一萬五，到退休總共只能存60萬，而退休到正常死亡還有三十年，平均一下每年只能花2萬，每月只能花1,666塊，每天只能花55塊。（我沒有在開玩笑，這種人不算少），而且這還沒算上通貨膨脹的耗損。所以你

要是不想每天只能花55塊，現在該怎麼作？當然就是減少支出，再加上想辦法增加收入。

當然你也可能會發現，照你現在量入為出，賺來的薪水都妥善運用，20年後可能會有8、9千萬，這樣可以很安心的按部就班，準備迎接當退休富翁的日子。

不管如何，花一個下午去準備這件事都是划算的。就好像我之前講過的，你要先確定你30年後的遠程目標是什麼，再一步步往回推知道你20年後要達成什麼中遠程目標，10年後、5年後，最後推到明年，進而明天、今天該怎麼作。

這樣穩紮穩打，心裡踏實，發現問題也還來得及做改變，每個人都可以提早享受退休生活的。

沒有比別人努力十倍，憑什麼能比別人提早十年退休？

03
打造你的
隨身聚寶盆

只靠節省是不會致富的，還是要賺錢才能加快財富累積速度。

我許多朋友和讀者們總是很好奇為什麼我要寫網誌又創立玩股網還加上寫書、開投資課程，大家都知道在玩股網大爆發之前我90％以上的收入是靠投資賺來的，其實光靠投資那塊的獲利就是一般上班族薪水的很多倍。那一開始到底為什麼要花精神、花時間去創業做網站寫文章呢？這就是我這篇要告訴大家的致富觀念：你必須打造你的隨身聚寶盆。

數以百計的人跟我抱怨過他們的薪水太少，一個月賺三～五萬不知道要等到猴年馬月才能實現財富自由，想要投資可是每個月扣掉日常開銷後根本存不了多少錢，第一桶金

存不到也就別想靠投資致富，永遠都是小打小鬧。

沒有人靠省錢致富的，王永慶先生很節儉，但是他絕對不是因為節儉登上台灣首富寶座的；郭台銘先生買飛機、買古堡，他的財富一樣很嚇人，所以要致富主要還是得靠開源，也就是如何多賺些錢。

多賺錢有幾個方法，創業和投資是最有效的。

創業的部分在本書會有幾篇文章特別講，如果你不想辭職創業擔這麼大風險，建議大家可以試試看做一些小聚寶盆擺在身上，讓它們自己幫你生錢出來。

舉我自己的例子：一開始從無到有比較辛苦一點，不過在玩股網和楚狂人的投資筆記網誌名氣打出來之後，慢慢大家覺得這兒東西好就會一試成主顧，甚至邀請朋友一起來，一傳十、十傳百，自然人氣越來越旺，加上《楚狂人投資致富SOP》和《主力作手不願告訴你的操作祕訣》兩本書出版後，除了版稅以外，知名度也增加不少，每個月這三個部分大概可以幫我賺好多萬的被動收入，而我只需要一個禮拜寫

幾篇文章就好，其他時間都讓它們自己幫我賺錢，像不像我造了三個會自動生錢的聚寶盆在身上？

而且妙的是這三者是可以互相魚幫水、水幫魚的，玩股網人氣越高自然會吸引更多人到網誌，網誌人氣越高代表喜歡我文章的人越多，兩本書的銷售也就越好，書賣得越好又可以吸引更多人到玩股網和網誌，有福（錢）同享啊！

你可能覺得我的例子比較特殊，對你來說比較不切實際，其實重點就在於賺順手財，也就是說一開始辛苦一點，後來並不需要特別花時間和精力下去也可以一直有錢可以分，例如程式設計師可以寫個好用的小程式或手機App來賣錢，一個賣兩三百塊就好，一個月五十、一百人買不就幫自己加薪兩萬塊了嗎，一開始辛苦一點把程式寫出來後續就只剩下維護和回覆顧客意見的工作（喔，還有一件工作是收錢），或者是乾脆做免費App來衝人氣，然後賺廣告費，每個月即使光靠Google廣告也一定有一兩萬，而一般上班族要每月加薪兩萬塊有多難？

靠App致富的人不少，每個月多個兩萬塊收入更是一點也不難，問題只在你有沒有開始打造你的聚寶盆？

想想你有什麼特長可以發揮，容我再提醒你一次，不是讓你去兼差兼到死，每天下班還去做第二份工作不是我的本意，重點是賺順手錢。

如果你實在沒有什麼特別厲害能賺錢的本事，想不出來可以從哪裡賺到這種順手錢，其實你可以想想我以前Blog常講的觀念，定期定額買高配息的股票（例如中鋼），或是台灣五十也是不錯的方法，只要把握有錢就買和避開頭部兩個條件，年平均報酬率8％是很有機會達到的，乍聽之下可能會覺得我跳太快，怎麼從理財一下子跳到投資那一塊去了，其實這招並沒有違背我文中一直強調的原則─賺順手財，你每個月買進股票，然後就不需要為它煩惱，不需要花費額外的時間和精神做任何事，唯一要做的就是等待，等你的小聚寶盆幫你孵化出更多的金錢，而且好處是人人都可以做，沒有專長或是特殊技能的限制，而且很容易。

搶反彈就像搶銀行，搶到要跑，沒搶到也要跑。

　　絕大多數的人都常常抱怨賺錢好難、好累，當然，賺大錢是需要下苦工加上能人之所不能，不過賺小錢貼補家用其實可以很輕鬆，這裡搞個五千，那裡搞個一萬，也許半年以後你每個月收入就輕鬆破十萬了，甚至辭掉工作也可以活得很滋潤。重點是你願不願意花心思去想，想想你的優勢和劣勢，想想如何培育出屬於你自己的隨身聚寶盆。

　　打造隨身聚寶盆這個觀念非常重要，解釋地最棒的是管道的故事，故事大概是這樣：

　　很久以前，有二位名叫柏波羅和布魯諾的年輕人，他們是好朋友。住在義大利的一個小村子裡。

　　他們每天都在想著，渴望有一天能通過某種方式，讓他們可以成為村裡最富有的人。他們都很勤奮。他們需要的只是機會。

　　機會來了，村裡決定僱兩個人把附近河裡的水運到村廣場的水缸裡去。這份工作交給了柏波羅和布魯諾。兩個人都抓起兩隻水桶奔向河邊。一天結束後，他們把鎮上的水缸都

裝滿了。村裡的長輩按每桶固定一塊錢的薪水付給他們。

「我們的夢想實現了！」布魯諾覺得很棒。

但柏波羅覺得似乎哪裡有點不太對。

他的背又酸又痛，提那重重的大桶的手也起了泡。他害怕明天早上起來又要去工作。他發誓要想出更好的辦法，將河裡的水運到村子裡去。

「布魯諾，我有一個計劃。」第二天早上，當他們抓起水桶往河邊奔時，柏波羅說，「你不覺得這樣賺錢很笨嗎？一天才幾塊錢的報酬，再加上一定得要這樣來回提水才有收入，不提就沒錢，乾脆我們修一條管道將水從河裡引到村裡去吧，等到管道建好，我們即使不提水也會有源源不絕的收入了。」

布魯諾愣住了。

一條管道？誰聽說過這樣的事？布魯諾大聲嚷嚷著，「柏波羅，我們有一份不錯的工作。我一天可以提一百桶

楚格言

31

水。一塊錢一桶，一天就是十塊錢！我是富人了！一個星期後，我就可以買雙新鞋。一個月後，我就可以買一頭母牛。六個月後，我可以蓋一間新房子。然後我就可以娶老婆了。」←有沒有覺得像是長輩告訴你的忠告？

但柏波羅不是容易氣餒的人。他耐心地向他最好的朋友解釋這個計劃。他知道，在岩石般硬的土壤中挖一條管道是多麼的艱難。因為他的薪酬是根據運水的桶數來支付的，他知道他的薪酬在開始的時候會降低。而且他亦知道，要等1、2年，他的管道才會產生可觀的效益。但柏波羅相信他的夢想終會實現。於是他就去做了。

布魯諾和其他村民開始嘲笑柏波羅，稱他為管道人柏波羅。布魯諾賺到比柏波羅多一倍的錢，炫耀他新買的東西。他買了一頭驢，配上全新的皮鞍，拴在他新蓋的二層樓旁。

他買了亮閃閃的新衣服，在鄉村飯店裡吃可口的食物。村民們稱他為布羅諾先生。當他坐在酒吧裡，為人們買上幾杯，而人們為他所講的笑話開懷大笑。

小小的行為等於巨大的結果

當布魯諾晚間和週末睡在吊床上悠然自得時，柏波羅還在繼續挖他的管道。頭幾個月，柏波羅的努力並沒有多大進展。他工作很辛苦，比布魯諾的工作更辛苦，因為柏波羅晚上和週末都在工作。

但柏波羅不斷地提醒自己，明天夢想的實現是建造在今天的犧牲上面。一天一天過去了，他繼續挖，每次只是一英吋。

一英吋、又一英吋成為一英呎。他一邊揮動斧頭，打進岩石般硬的土壤中，一邊重複著這句話。一英吋變成了一英呎，然後10……20……100尺……

短期的痛苦等到了長期的回報。每天完成工作後，筋疲力盡的他跌跌撞撞地回到他簡陋的小屋時，他這樣提醒自己。他通過設定和達到每天目標來衡量工作的成效。他知道，終有一天，回報將大大超出付出。

搶反彈就像搶銀行，搶到要跑，沒搶到也要跑。

一天天，一月月過去了。有一天，柏波羅意識到他的管道完成了一半，這意味著他只需提桶走一半路程了！柏波羅把額外的時間用來建造管道。完工的日期終於越來越近了。

在他休息的時候，柏波羅看到他的朋友布魯諾在費力地運水。布魯諾比以前更加的駝背。由於長期勞累，步伐變慢，而且還常常腰酸背痛，有很多的職業病。布魯諾的脾氣變的很暴躁，為他自己一輩子運水而憤恨。

他開始花較少的時間在吊床上，卻花很多的時間在酒吧裡。

最後，柏波羅的大日子終於來到了——管道完工了！

村民們紛紛來看水自動從管道中流入水槽裡！現在村子源源不斷地有新鮮水供應了。附近其他村子都搬到這條村來，村子也繁榮起來。

從管道完工的那一刻起，柏波羅再也不用提水桶了。無論他是否工作，水源源不斷的流入。他吃飯時，水在流入。

他睡覺時，水在流入。當他週末去玩時，水在流入。流入村子的水越多，流入柏波羅口袋裡的錢也越多。

管道人柏波羅變的很有名，人們都稱他為奇蹟創造者。

但柏波羅明白他所完成的並不是奇蹟，只是個聚寶盆罷了！

你想當下一個柏波羅還是下一個布魯諾呢？

搶反彈就像搶銀行，搶到要跑，沒搶到也要跑。

04

再談隨身聚寶盆

前幾天幫幾個小朋友上課（年齡大約在20～24歲之間），題目是如何提早享受財富自由。其中最重要的觀念就是一定要想辦法創造被動收入。

我在上一篇打造你的隨身聚寶盆有講過，當時我是以我自己為例子來跟大家說明，不過當我和那些學生講到這邊的時候卻遭到他們的質疑：楚大你舉的例子很爛，你可以靠這些來賺取被動收入，可是我們做不到啊！我們又沒有投資理財方面的專業，你這麼厲害，乾脆幫我們想想有沒有什麼是我們也可以躺著收錢的方法。

「嗯？這還要我幫你們想？要不要每個月我直接發錢給你們好了？」我低聲嘟嚷著。不過因為我實在人太好，就想

說既然你們這麼可憐（又懶惰），那我就「幫人幫到底，送佛上西天」好了，先問他們各自有什麼專長：三個是應用英文系，兩個是師範社會系，前三個英文沒有很好，後兩個社會好卻沒屁用，完全不知道能幹麼，結論就是五個人沒有任何專長。

沒有專長就傷腦筋了，我當場也有些傻眼不知道該怎麼教他們，只好舉一些我想到的方向給他們參考，讓他們自己回去想想。

我想到的被動收入主要分幾種：

1. 寫書，這個門檻比較高，先不提有沒有出版社願意冒風險幫一個名不見經傳的小人物出書，單單能夠寫出幾萬字的內容就不簡單了，而且即使出了書也不一定會賺，有賺也不一定賺得夠多，新手作家的第一本書能賣個一萬本就算很厲害的，所以老實說這條路真的不好走。不過一旦寫出來並且有出版社願意幫你出書，你就可以躺著賺了，書擺在書店慢慢

賣，賣一本就多一些收入到帳戶，你不需要多做辛苦事。

2. 寫網誌，門檻很低，不過真的單靠網誌賺足生活費的在台灣大概屈指可數，不過雖然賺到四五萬真的很難，賺個五千一萬應該還有機會達到。

3. 寫小說，不用想說要當黃易或者金庸，就寫那種魔法師的網路小說就好。像大陸作家唐家三少單靠寫網路小說就年收入超過150萬，九把刀也是靠寫小說起家，更不用講韓寒或羅琳這種神人。

4. 寫App賣錢，舉我要搭高鐵當例子，這個App下載次數超過30萬，就算有一大部分是下載免費版的，光是付費版也賺幾百萬跑不掉。

5. 靠房租過生活，有樓斯有財，之前就發生在我身邊，在竹北遇到一個老先生，他在前幾年買了一塊地，自己花退休金蓋了五層樓，每一層樓分成四間套房出租，其中兩間租金8000，兩間租金6000，幾乎沒有空

房過，全是租給竹科工程師住，一個月光靠房租就收14萬，悠閒退休無負擔。

6. 寫網站，自己找個主題去做，每天下班回家寫個兩三小時，半年寫一個，不用貪心想寫個Facebook出來，一個網站能幫你一個月多賺一萬也好，花三年你光靠這部分收入應該就超越上班領的薪水了。這部分學問很大，你可以從日常生活去著手，想想看有沒有什麼地方是人們需要卻一直得不到滿足的，也許只是一個簡單的網站，像我之前舉過的訂便當系統那個例子，出發點只是幫公司解決每天要訂便當這件事，因為好用就越來越多人在用，佔好位子，讓所有客戶都用習慣以後，一個月收個100塊月租費應該一個月最起碼多賺十萬跑不掉了。這還只是一個網站而已，三個五個小網站加起來收入就贏過99％的受薪族了。

上述只是我想到的幾條路，被動收入還有太多太多可能，如果你想比別人早退休，你就應該每天比別人多花一些時間去思考和經營，應該的。

買股票不應該強求買在最低點，要買在相對安全的點。

05

楚狂人這輩子
最好的投資！

可能是因為我有寫過滿多篇關於增加個人競爭力的文章，所以幾乎兩三天就會收到至少一個年輕朋友的信來問我生涯規劃或是如何加強個人競爭力，他們不約而同都對於工作這件事很徬徨，薪水不高，而且大多數的工作的可替代性太高，實在不知道找哪種工作會比較有前途，我一定都會建議他們務必要找有累積性的工作。

無論是累積人脈、經驗或是作品都可以，讓自己的價值會隨著工作的時間同步增加，這種工作才值得盡力做。

換句話說，沒有累積性的工作在大學打工做做就算了，千萬不要畢業後還持續做這類的工作，不然過五年十年後你會發現整個職業人生都白費，以後最先被淘汰的都是這種人。

如果找工作的不確定性太高，自己想要的工作卻因為太多人搶，沒法應徵上怎麼辦呢？

教你一個每個人都一定能做到的，最好的累積成就和作品的方式：寫網誌。

待我一一列舉寫網誌的好處給你看：

1. 強迫自己吸收新知識：如果想要網誌有人看、有人讚就必須時常更新，當一個人寫了幾十篇上百篇的文章以後，腦子裡的東西應該會被掏空，這時候要是不想就此封筆，也不想改寫一些濫竽充數的流水帳，站長只有不斷吸收新知識，看別人的文章或看新書，這樣才會有新題材可以寫，於是很自然地你懂的東西越來越多、知識會越來越豐富。

2. 培養自己的恆心、毅力：當你去應徵工作或是投履歷表的時候，你可以把你的優點多加上一項：做事情不會三分鐘熱度，有持之以恆的韌性。證據就是每一兩天寫一篇文章，持續好幾年，最新一篇文章是

昨天貼上去的。假想如果你是老闆或人事部主管，你會不會喜歡找一個有這項優點的員工？

3. 豐富你的人生：你可能是個老師或公務員，早已厭倦總是一成不變又乏味的生活？你可以把你的夢想或興趣與別人分享（炫耀？），例如說：我是個公務員，但是我同時自許為網路觀察家，那我可以利用BLOG把我最近觀察到的一些網路現象，像是Facebook竟然市值1000億美金、Google又有什麼新產品都分享給讀者；我是個老師，但是我同時自許為美食家，那我可以在網誌上面寫出我對於某某餐廳的看法和建議，我可以弄個台北市牛肉麵排名賽，我可以全省吃透透，然後把很棒很有特色的餐廳介紹給讀者；我是個學生，但是我同時自許為下一個喬治‧索羅斯或是沃倫‧巴菲特，那我同樣可以寫財經網誌來講解盤勢解救散戶同胞。

你可以藉由寫網誌瞬間變身為另一個職業、變身為另一個人，你的才華和興趣都可以藉由網誌show給

全世界看。

4. 訓練你的邏輯思考與講話：我遇過很多二十幾歲的人連話都講不好，要他清楚描述一件事情都做不到，聽他講話總是翻來覆去、顛三倒四，聽老半天也不知道他到底在講什麼，我只好一直不停地提醒他：「說重點」或是忍不住直接問他「結論是什麼？」如果你也有類似的問題，寫文章可以有效改善你的毛病，因為寫文章就是不停地把腦子裡的資料歸納整理以後輸出，甚至為了說服你的讀者，你可能得把一件事情反覆論證，正面講、反面講，最後才能下結論，一次、兩次、三次到第一百次這樣訓練下來，你的表達能力一定會很好。所以好的暢銷書作家通常是好的演說家，好的演說家也通常是文筆流暢的作家。

5. 當然是訓練你的文筆，很多人學了二十年中文卻沒有辦法寫出一篇通順的文章，你看他們寫的東西總會感覺怪怪的、卡卡的，因為寫文章不是在比誰的

詞藻比較華麗，而是比誰的用詞比較精準和確切，有沒有在看書的時候覺得這個詞用在這裡實在太妙了？這就是作者的功力所在，這沒什麼捷徑，多寫＋思考＋大量閱讀是唯一的方法。

6. 加減賺一些廣告費，如果你的網誌人數每天有個兩千人，那一個月賺個五六千塊外快是可預期的，王品牛小排可以吃五客，存下來一年也有六七萬，不無小補。

7. 這是一個最好行銷自己的管道，很多名人都是寫網誌一不小心爆紅，幾個暢銷書作家都是從網誌起家的，像彎彎、女王、酪梨壽司、Mr. 6，或是像我一樣從寫財經blog開始創業。要是能夠因為寫網誌到出書，去應徵工作的時候拿著自己的著作給面試官，我想這會比再高的學歷都亮眼的能力證明。

8. 學習行銷、企劃、經營相關的能力，你注意看大的網誌，版面設計一定讓人很舒服，偶爾會不經意地有

廣告宣傳，甚至連發文頻率可能都有規劃過，因為你需要動腦去想怎麼才能把網誌從沒有名氣推到大家都知道，藉由這個過程可以學到非常多商業相關的知識，以後對於求職或增加人生經歷都非常有幫助。

試著常常寫文章對你很有幫助，寫網誌主要是因為多了動力，知道有人在惦記著你的新文章就比較不會怠惰。我現在除了建議寫信來的朋友寫網誌，我還建議我身邊的親朋好友也一起寫，理由就像我文中講的：這是一個豐富你人生的好方法。

除了上述的幾個好處以外，你甚至可以把投資日誌也寫成blog，這是新手到高手的最速捷徑。

還記得你上次賠錢的經驗和原因嗎？是因為誤信投顧老師的推薦股還是聽了同事老王的明牌？上上次呢？上上上次呢？賠了錢有沒有學到教訓？還是下次會重犯一樣的錯誤？

還記得上次賺錢的原因嗎？是因為仔細研究過公司財

報加上技術線型篩選，等到好的切入點買進，然後抱半年賣出，獲利三倍，還是只是運氣好，想買聯發科買成聯發（紡織股），想買三商銀結果買成三商行，結果瞎貓碰上死耗子剛好獲利爆增股票大漲？上上次又是因為什麼原因而獲利呢？

為什麼有些人可以在一兩年內抓到投資的訣竅，進而獲利，而大部分的人卻做股票做十幾二十年還是一樣賠錢？因為前者會記取教訓，例如說：我這次因為不知道或捨不得停損所以大賠，那我就把「停損」兩字烙在手臂上確保下次會記得；我這次因為聽信外資的騙人報告去接到他們要出貨的股票結果腰斬，那我就把「不要參考外資報告」這句話寫在電腦螢幕前面隨時提醒自己。一次兩次，半年一年後自然功力會進步，自然錯會越犯越少，錢會越賺越多。

反過來講，這次我賺錢可能是因為我在大盤成交量只有四五百億左右的時候全力買進台灣50，一路抱到成交量超過兩千億才賣出；我可能是因為覺得以中鋼這種穩定獲利的好股不應該只值20塊，所以買進，到後來賺了一倍。每次賺錢

的過程和原因的重要性並不會低於賠錢所學到的教訓。

怎麼寫呢？

並不是要你把成交紀錄印出來就算寫好，那沒有意義，以初學者來說可以這樣寫：

2011/3/28（週一）

今天同事建議我去買xx股，上網做功課看這家公司是幹嘛的，哦～～！是做面板的，聽說因為蘋果公司的iPhone和iPad大賣，業績成長很多，聽起來是不錯。買一張在100塊。停損點先設10％，跌破90就賣掉好了。

2011/3/29（週二）

跌了2塊，帳上虧損2000，讓我心情不是很好，聽說是因為有外資喊空，建議投資人賣出，所以大家跟著賣的關係。還沒跌破停損，繼續抱著。

2011/3/30（週三）

致富並不是一定得買最低＋賣最高，只要買在相對低點＋賣在相對高點就吃不完了。

YA！爽爽爽！

今天漲6塊，而且是開高走高＋收盤收最高在104，差一點點就漲停，昨天外資喊空，結果今天就快漲停？？看來外資的話不能聽，都是壞人。用楚狂人教的停損點移動法，現在停損點從90塊移到94。←停損點移動法在後面章節會詳細教大家。

2011/3/31（週四）

……

2011/5/20（週五）

這兩天表現不是很好，收盤確定跌破移動停損價位130就出場了。這次的操作很棒，100買進到130賣出，賺了三成。

反省與心得：

1.這次操作中間有遇過差一檔就被洗出場的情況，也有

遇過盤中已經跌破結果收盤又漲回來，可見以收盤價為準是有道理的。

2.外資的話不能聽，叫大家賣出結果股票就往上漲。

3.這次運氣不錯，買進後第二天就拉出長紅棒，後來也沒有再跌回來，所以除了第一天以外都是獲利的情況，沒有經過什麼套牢的壓力，下次可能運氣不會這麼好，所以要想想如果下次買進結果套牢好幾天是不是能承受。

4.雖然沒賣出股票，不過每天心情還是跟著股票漲跌在波動，尤其一開始幾天，上班都一直想偷看股票，有幾次差點被老闆發現，真可怕。我決定下次買股一天看一次就好，收盤前看看有沒有跌破移動停損，沒有跌破就續抱，跌破就出場，這樣操作會比較舒服。

5.……

沒有哪種投資方法是完美，你應該選的是最適合你的投資方法。

　　我建議大家都一定要寫一本屬於你自己的投資筆記（或投資日記），當然你直接寫在網誌就摸蛤蜊兼洗褲（一舉兩得），同時提醒自己，同時分享給你的讀者。

　　每次操作前所作的準備→買進點的選擇→持股期間的心理變化→最後賣出的原因→感想與反省→……等，都把它寫上去，每天花三到五分鐘就夠了，只有出場後的反省和心得要寫仔細一點。一次兩次三次，慢慢紀錄每次操作的經過，試想有哪本投資理財書籍比專為你自己寫的這本要有價值呢？

　　邊寫邊回憶著看，把做錯的改掉，把做對的複製，你的投資學習歷程鐵定會比大多數人要短，因為有個統計報告顯示其實大多數投資人永遠重複在犯類似或甚至相同的錯誤，所以賺錢的人遠少於賠錢的人也就不意外了。

　　當然，上面這種是初學者的寫法，如果你已經是老手，你還是應該寫操作日誌，不過寫法和初學者就不一樣了，你可以這樣寫：

2011/3/28（週一）

今天利用「玩股網的智慧選股功能」選出三檔股票←這個技巧後面章節都會詳細教大家。

看了線圖覺得還不錯，這陣子表現滿強的，而且昨天滿足「波段上漲切入點」這個多頭條件。

接著看大盤

1.以國際股市來看從美股到亞股都很強。

2.以均線來看

　(1)年線下彎，但是短期和中期均線都是向上發散，形成多頭排列的。

　(2)月線支撐xxxx，季線支撐xxxx。

3.以量能來看

1142.19億，較昨日少一點，我想是因為今天是收黑的

沒有哪種投資方法是完美，你應該選的是最適合你的投資方法。

原因，在還沒看到M頭破頸線以前都還是相對安全。

4.以波浪來看

目前看來是五波上漲中的第三波，第三波的操作祕訣就是追，盤中有低點就要搶進，不然很可能明天直接跳空就上去了，在出現長黑棒，或是跳空大跌以前操作方式不變。

別忘記：

(1)8300～8600為前波密集套牢區，可能會出現上下震盪。

(2)觀察電子股量能是否有增加到攻擊量。

(3)前波大量區為重要支撐大約在8150左右。

紀錄個股漲跌以外，務必要搭配大盤的觀測和規劃，避免見樹不見林的情況（為什麼除了個股還要特別觀察大盤走勢後面章節會講），到更高段時還可以把期貨選擇權的部分

也加進去綜合判斷，並且每次評估是否符合形態學和陰陽線理論的線型。

　　這樣寫的好處是事前就已經把隔天盤勢規劃好，不管盤勢怎麼走都有預先想好的策略應對，盤中就只要按表操課，突然遇到大跌或大漲也不會整個人慌掉不知道該怎麼辦的情況，而且在盤中看盤時也因為有明確方向，所以會心裡很踏實，能夠以平常心操作自然會勝率大增。如果盤勢出現特殊狀況再做修正即可。

　　寫一份你專屬的投資紀錄和心得除了對你財富增加有幫助以外，這也是一份最珍貴的人生軌跡，寫成網誌形式以後要翻閱要搜尋都很方便。

　　所以，去開一個網誌，並且天天堅持地寫下去，你會很快發現這是你做過最棒的投資。

沒有哪種投資方法是完美，你應該選的是最適合你的投資方法。

06

年薪百萬SOP

很多人在抱怨薪水太低，自己工作這麼辛苦卻還是沒辦法達成年薪百萬的目標，一定是大環境不好，一定是政府對不起人民，一定是財團資方太黑心剝削勞工，一定是沒有投胎投好，一定是……。

其實這並不是別人的錯，薪水不如人唯一的問題出在你自己身上。

永遠記得一句話：「沒有人欠你一份工作」，非常有道理。

這樣講好了，常常聽人講我工作多辛苦多辛苦，可是薪水才兩萬多，乍聽之下覺得怎麼這麼不公平，但是事實真相

其實是：

薪水多寡跟你工作辛不辛苦無關。

舉個例：洗手間打掃的歐巴桑，她辛不辛苦？可是薪水卻很低，懂我要表達的意思了嗎？

一般來說你的薪水高低是由你對公司的貢獻度決定，換句話說就是你對公司的重要程度有多少？

你有沒有什麼特別能幫公司賺錢的能力，或是能幫公司省錢的能力？

對於公司來說，你的不可取代性高不高？你的工作內容是只有你能做，還是隨便路人都能做？

記住：你工作內容的可替代性和你的薪水往往成正比。也就是說如果很容易找到人接替你的工作，那我保證你薪水絕對不高。

事實很殘酷，所有公司永遠只問功勞不問苦勞。

　　那怎麼辦？有沒有什麼方法可以讓你的收入從兩三萬噴到十萬以上？

　　可靠的路有三條：

　　1. 努力在公司創造你自己的價值。

　　2. 辭職創業。

　　3. 繼續作下去，但同時發展副業。

　　我們一一來分析利弊：

第一條路就是繼續作原工作

　　但是在原工作內創造自己的價值，內部創業是一個風險較小的投資。舉個例子，你可以觀察你們公司有什麼缺失或不足，這不是三兩天可以看得出來，要不停的觀察和思考、很詳細的規劃、風險評估、利弊得失交叉分析，然後最後向你老闆或上司報告，跟他作個簡報解釋你發現的問題和解決的辦法←重要（一定要想好解決的方法才有價值），試著把

需求、目的、重要性、價值和衍生價值都一一找出，如果你發現的問題需要新創一個部門才能解決，而解決之後對公司有大助益，甚至可能老闆直接就說交給你來辦，然後自然你就升官了，這是一種很好的方法。

再提另一種方法，講個故事給你聽，聽過Flickr吧，世界最大的相簿圖片網站。

2002年，溫哥華Ludicorp公司在大型線上遊戲「Game Neverending（永不結束的遊戲）」研發和測試的過程中，有個工程師做出一種有趣的玩意兒，允許任何人在玩遊戲的同時，能夠輕鬆又自然就能和別人快速分享相片。

老闆發現，使用者的回應，竟然幾乎都不在遊戲上面而集中在相片分享軟體應該怎麼改進才更好用。他恍然大悟：「原來樂趣是在相片分享上面。」於是工程師開始構思新的點子。他們有個預感：放棄正在研發的線上遊戲，當做人們彼此分享數位相片的管道也許更有前途。

他們終於決定捨棄原來那款多人線上角色扮演遊戲，

沒有比別人努力十倍，憑什麼能比別人提早十年退休？

改變創業計畫。經過三個月的醞釀，2004年2月，第一版的Flickr誕生。

2005年3月，雅虎Yahoo！高價收購了Ludicorp公司和Flickr。

你覺得原來那個工程師會不會領到讓人咋舌的紅利！

內部創業的好處是風險相對小，但是如果成功了回報卻很大，適合性格比較保守的人。

第二條路，辭職去創業

這條路的確可行，創業成功至少會年入五百萬以上，會有多賺相信你也知道，但是在辭職前我得提醒你一些事情：

1. 千萬要rationally quit（理性的辭職），而不要emotionally quit（情緒化的辭職），怎麼說？

  我的意思是說在辭職前要先想好，甚至全部要先把路鋪好，再從容辭職，而不是哪天跟老闆吵了個

架，桌子一翻就走人，而且最好是和平和氣地離開，不要想說以後再也不用看老闆臉色就扯破臉，你永遠不會知道將來會發生什麼事。

可能可以開個小吃店，開個咖啡店，不管加盟還是自己開都行（建議加盟），先想好你要開哪家？在哪兒開？資金需求要多少？有沒有親朋好友可以幫忙？多久可以回收成本？這都是要事前就做好功課，而不是辭職以後沒收入才開始想，這樣壓力會超級大。

2. 家裡儲備的錢有多少，也就是說沒收入的情況下至少要三個月不愁吃穿，省一點可能可以撐四個月，這很重要，一文錢逼死一條好漢，多少有創意有前途的好點子就是被現實打垮，所以你要先計算一下然後先存錢再談別的。

3. 不要看不起小吃店，舉個例子，我觀察過附近的甘泉魚麵連鎖店，它店內有大概三十張椅子，每天大

沒有比別人努力十倍，憑什麼能比別人提早十年退休？

概都可以循環四次以上，也就是說每天大概有120個客人來吃，因為每碗麵大概都100～120塊，所以我加上點小菜的，算平均每個人消費120就好；外帶以中午較多，大概三十碗以上，晚上大概十五碗，加起來一天可以賣165個客人，165x120＝19,800元，這是一天估計的營收，也就是說一個月30天來算營收為594,000元。扣成本，店租一個月大概10萬，材料費一碗麵最多30塊（165x30x30＝148,500），請三個工讀生最多6萬，請個廚師3.5萬（自己煮就更省了），水電瓦斯一個月2萬，權利金一個月10萬，這樣算一下總獲利165,500元，也就是一年可以賺快200萬，大概是一般上班族三四倍收入。

4. 當然，你也可以不要走小吃店這條路，條條大路通富豪，建議你往開銷小的網路或寫App方面去想。

第三條路，同時並進

我個人是建議走這條路，進可攻退可守，好處多多，

也就是要從副業去思考，你的專長是什麼？會寫文章嗎？那可以投稿。會寫程式嗎？那可以接case。會國中高中課程？出去兼家教。太多選擇了，自己想想你什麼專長是可以掙錢的，然後Just do it。

寫文章這邊我要特別解釋一下，不一定要言之有物，一定只能寫大道理或是產業分析，可以常常出去吃各種料理寫美食分享；可以常常出遊去寫旅遊分享。只要寫的東西有特色通通都可以賣錢，你知道有人寫blog可以寫到月入十萬美金嗎。

總結

我認識很多人都是這樣，見人就唉聲嘆氣，然後抱怨不停，怪政府、怪父母、怪經濟不好、怪房價上漲、怪股市下跌、怪老闆很小氣、怪懷才不遇，怪東怪西永遠沒怪過自己，自己回家在幹什麼？看電視看到睡著？上網逛拍賣或是看八卦到半夜兩點？

到了週末就睡到中午，看電視到晚上，吃個飯又上網到

沒有比別人努力十倍，憑什麼能比別人提早十年退休？

睡覺？或是一天到晚只想著出去玩沒有充實自己。

還是一句老話：沒人欠你一份工作。

不想這樣下去就拼死命思考吧。

07

思考對於致富的
重要性

前陣子看了大前研一《創新者的思考》這本書，很多感觸，他和我想法非常類似，原來我們這麼近。

就不花篇幅在介紹書的內容了，講更深層、更實際的觀念，不過在這之前我們要先達到共識，這裡講的是一般人，也服膺一般的價值觀：會賺錢、當老闆代表能力強，暫時不討論什麼錢夠用就好，收入穩定壓力小，多花時間陪孩子之類的想法，本書不談這個。

貫穿整本書其實就一個觀念→多動腦袋。

為什麼有些人會比較有錢，有些人卻窮一輩子，差別在哪兒呢？在學歷嗎？在外貌上？在智商？

　　一般人的刻板印象都是學歷越高賺的越多，父母也總是這樣教孩子，乖乖唸書能夠賺大錢，這裡面大有問題，如果學歷高低和財富高低成正比的話，那台灣首富應該是個博士後研究，甚至雙博士之類的人吧！可惜不是，郭台銘只是中國海專的學歷，之前鴻海還不夠大的時候，報名台大EMBA未能錄取；全球華人首富？李嘉誠十二歲就沒唸書。經營之神王永慶只有小學學歷；比爾蓋茲和Dell、facebook、Oracle老闆都是大學輟學，同樣不是多高的學歷。

　　有注意到問題癥結在哪了嗎？好像沒有證據和統計說學歷越高財富越高，外貌和智商理由同上，除了最沒用的外貌之外；智商也是個容易陷入迷思的點，智商越高也未必財富越多，一個班上智商最高的可能數學最好，最後當個數學老師或是走研究路線，再不然就是每天寫程式當苦命的工程師，跟當老闆賺大錢距離還遠得很。

　　講了這麼多，到底什麼才是成功的要件呢？我和大前都覺得「思考」和「觀察力」才是重點，才是能夠有效區別人和人價值的KEY，每天不停動腦思考，每天多進步一點，每

天觀察這個世界有沒有哪裡有商機。

　　舉幾個例子吧，大陸有個名叫江南春的新科富豪，「分眾傳媒」創辦人，公司2005/7在Nasdaq上市，身價兩百億台幣，當時他才33歲，怎麼發跡的？他原本是作廣告的，有天他從飛機上的雜誌得到靈感（飛機雜誌從頭到尾都是廣告），他知道最好的廣告就是讓人沒有選擇只能接受，電視大家一看廣告就轉台，網路根本就不會點廣告進去，於是某天和一群人在等電梯時發現大家都很無聊的盯著電梯門上的廣告傳單看，即使那廣告非常無聊。

　　Bingo！如果弄台液晶銀幕放在電梯門上或是電梯前面牆上，那不就每天等電梯的人都是廣告發送的對象，想跑都跑不掉，中國有這麼多辦公大樓，這麼多百貨公司，只要有電梯就有市場，廣告商會多愛這個主意啊！果然，不只廣告商愛這主意，投資人也愛這主意，到Nasdaq上市，短短兩年財富噴到十一位數。

　　全球等電梯的人這麼多，江南春就靠著他的觀察力和思

要扭轉空頭走勢，只有一根長紅是沒用的，需要連續攻擊才行。

考力造就他兩百億的身價。

　　一個例子不夠，再舉個小一點的例子，英國有個21歲的大學生叫Alex Tew，他很想要賺錢，想賺一百萬美金，要怎麼賺一百萬美金呢？很簡單，賺一萬個一百美金就好，於是他花了十分鐘做了一個網頁叫做百萬美金網（http：//www.milliondollarhomepage.com），他把網頁切割成一萬格，每一格賣人家一百美金，客戶跟他買了格子以後就可以放上客戶自己的廣告在那一格中，他先找了幾個親戚認養幾格，然後開始把消息經由他的Blog散播出去，網路世界消息散播超快，沒多久他這網站就紅了，網站有了人潮代表就有商機，一百美金又沒多少，就有廠商一次買個十格，一次買個二十格，連EBay、Yahoo！這種大公司都來買，最後他花了四個多月把這一萬格都賣光了。是的！他一個大學生花四個多月又十分鐘賺了一百萬美金。

　　台灣一個資工碩士生畢業以後起薪大概三萬五，一年不吃不喝不花可以存42萬，要存快八十年才有一百萬美金，差別只在於他願意動腦子，而一般人只會照老師、父母選好的

路走下去。

　　當然，這些例子很極端，我們可以想想有什麼是比較貼近的，例如自己開店賣衣服好了，很多人生意不好，先不管產品選擇定位是否錯誤，問他為什麼生意會不好？常聽到回答因為景氣不好。真的是因為景氣不好嗎？那為什麼LV集團（Moët Hennessy － Louis Vuitton, LVMH Group）的老闆是法國首富？

　　花點時間去想想為什麼自己的店生意不好，首先我們可以拿計數器統計每天會經過店門口有幾個人，連續統計一個月，然後記錄下來，分析早上會經過的有幾個人，中午、晚上、或是早中午，也就是要分析潛在客戶經過店門口的原因，如果一天經過門口不到十個人，那就需要特別在網路上行銷讓客人來找你，不然就只有換到熱鬧一點的地方。

1. 經過的客層，要統計是男生、女生，老的、小的，結伴、單身，然後開始分析什麼樣的情況進來店裡機會大，怎麼樣的情況比較會願意消費，例如說：女

要扭轉空頭走勢，只有一根長紅是沒用的，需要連續攻擊才行。

性，結伴，二十歲左右比較會進來店裡，但是東逛西逛不太會消費；女性，單身，五十歲左右也有機會進來店裡，逛一逛買的機會很大。

2. 如果是老闆在場，成交的機會比較大，還是只有工讀生也沒差別，也就是說店內商品是不是需要有人在旁邊推銷介紹會較容易成交，是的話，會影響多大？如果老闆沒辦法常駐，是不是要找個比較會說話的店員駐店好些。

3. 商品的問題，注意哪些商品最能吸引消費者入內，哪些商品賣最好，哪些商品客人詢問度最高，然後開始找原因：因為價格？因為有質感？因為有打折？或是因為產地？手工？買一送一？努力想想，更重要的是詢問和紀錄成交客戶的想法，這是Walmart行銷法，他們在結帳時都會紀錄客戶買的商品，幾次就可以統計出來這個客戶的購買習性為何，分析購買行為去作因應，最有名的例子是透過對顧客購物的數據分析後發現，很多週末購買尿布的顧客也同

時購買啤酒。經過深入研究後發現，美國家庭買尿布的多是爸爸。爸爸們下班後要到超市買尿布，同時也順便帶走啤酒，好在週末看棒球賽的同時暢飲啤酒，後來Walmart就把尿布和啤酒擺放得很近，進而雙雙增加了尿布和啤酒的銷售量。

4. 使用麥當勞行銷法，記得麥當勞在你結帳完都會順道問一下，要不要加五元換大杯，加十元換大薯，多問一句話一年幫他們多賺幾十億，所以也可以想想有沒有類似的機會，好比說顧客買了一件外套可以問他要不要順便買件T－Shirts搭配可以算他便宜，一來清庫存，二來交朋友。

5. 設計貴賓制度，一般人都會去他有貴賓卡的那家店消費，這是人性，設計貴賓卡，弄漂亮點，認卡不認人，不一定要消費多高金額才能拿到貴賓卡，重點要讓客戶拿到手，但又不是很廉價的感覺。建議把申請貴賓卡的方法寫在牆上，例如當天消費20萬才能拿到，但是因為跟客戶很投緣，所以即使他今天

只買了三萬還是送他一張，這樣他會覺得又得意又佔到小便宜，其實還是店家得利。

6. 仔細研究打折折數與商品銷售的關係，打折要打到剛剛好才能得到最好效應，也就是說雖然五折可以多賣三件，卻不如八折多賣兩件賺的多。

（貨物售價x3x50％－貨物成本x3）＜（貨物售價x2x80％－貨物成本x2），這得要測試多次才能知道最剛好的折數，除此之外每種商品不一定適合一樣的折數，例如義大利進口的皮衣，法國進口的皮包，很抱歉，恕不折扣，反而可以營造出高貴與品質不打折的正面形象。

7. 如果要營造高檔服飾的氣氛，可以借助整個環境幫忙，眼睛（視覺）可以看到高檔衣服，手指（觸覺）可以摸到衣服，耳朵（聽覺）聽到老闆或店員的稱讚，還差什麼？可以早上去開店就煮一壺香噴噴的咖啡，整個店裡都充滿咖啡香，普遍來說，咖

啡都是走高檔路線的，可能還可以擺兩張椅子，相熟的或是投緣的客人一起喝一杯咖啡，對於質感提高加分是正面的。

8. 也是最重要的，要有明顯的商品區隔，也就是說要把市場分眾力量極大化，不要想當雜貨店，舉例來說：主打高檔、貴婦路線的店，就不要在檯子上出現一件299的T－Shirts；同樣的，主打年輕人薄利多銷的店，就不要有貂皮大衣這種商品。

麥當勞主打歡樂和小孩子，肯德雞主打最正統最棒的炸雞，漢堡王和火烤牛肉漢堡已經劃上等號，所以很少看到麥當勞廣告裡面有針對大麥克堡或是炸雞，通常是新推出什麼玩具，或是形象廣告，唱唱歌跳跳舞之類的（可口可樂也喜歡這路線）。

我想把市場區隔繼續延伸討論下去，現在是有錢人越來越有錢，刷十萬塊的外套不眨眼，撞壞千萬法拉利不心痛，但是中產階級慢慢往下層靠攏，也就是單純薪水族會越

來越窮，很難翻身。不過窮歸窮，他們也會想要有高檔享受，換句話說就是他們會希望用可以負擔的錢去獲取還不錯的商品，C/P值（Capacity/Price）高足以吸引他們，這就是為什麼Tasty在台灣永遠要排隊才能吃，價格才三四百塊，可是感覺起來像是高級西餐廳；換到衣服領域就是明明才500塊，穿起來看起來卻像5000塊，但是因為取得便宜，所以就算賣得便宜，還是有賺。這塊市場特大，有錢人大概佔10～20％，中下階級因為合併了之前的中層階級和中下階級所以大概佔了60％以上，其他是下層階級就放掉，所以想想怎麼賣物超所值的商品很重要。

現在紅的公司都是以這種方式去賣，例如Lexus，他在美國市場銷售奇佳，超越雙B，因為同樣有質感，硬是便宜30％；西班牙平價服飾ZARA，也是賣有質感卻便宜的衣服生意爆紅；之前舉的Tasty；名牌的Coach，別的名牌都是歐洲貨，他卻是美國貨，甚至是Made In China，但是比LV、GUCCI便宜30％以上，同樣是有質感強調設計，大賣特賣。

所以一切都很清楚了，公司一是走純高檔路線，就是噱

凱子，Giorgio Armani的襯衫一件賣兩萬一樣有人買；Hermes 的包包一個六、七十萬照樣狂賣。不然就是走物超所值路線，這部分王品集團做得很棒，看看原燒和Tasty的排隊盛況完全讓人感覺不出來景氣不好。

搶反彈的風險遠大於預期報酬，所有請別浪費你的青春在搶反彈上門。

08
思考對於
職場的重要性

　　看過我文章的朋友應該都會注意到我每次都強調思考的重要性，不過我之前都把思考的範圍鎖定在大的方向上面，今天想要帶給大家一個觀念：作任何事都先想過再做。也就是把思考這件事落實在你每天從早到晚的生活中，久而久之你的人生會有顯著的改變。

　　讓我舉個例子：大家都有打電話給別人的經驗，有時事情一多，常常發生掛掉電話才想起來有事忘了講（例如講了約會時間卻忘了講地點），只好再撥一次。這是可以避免的，打任何電話之前記得都要先想想：我打這通電話是為了什麼？我要達到哪些目的？單純問候還是有什麼事情要麻煩人家幫忙？要約出來要記得告訴人家時間和地點和約會性質

（例如說要約去吃很高級餐廳，就要提醒人家別穿拖鞋），同時參加約會的還有哪些人……。想過以後發現超出三件事情就記得要寫起來，「好記性不如爛筆頭」，這句話我是深信不疑的。

如果是忙碌的業務或是祕書，可能中午吃個飯或是跑個客戶，一回辦公室發現電話裡面多了十通留言，花個十分鐘把留言聽完。聽完之後腦袋馬上要開始排定回留言的輕重緩急次序。這通留言是不是很重要？如果我今天真的很忙，可能沒空回，所以要考慮今天回還是明天回？明天回會有什麼影響？如果是要我幫忙辦事的話，我應該先把事情辦完再回，還是先回一通簡訊表示我收到了正在辦？這些都是要先想好的事情，一開始不熟悉可能會花比較多時間，等到熟了這個動作其實很快。

很多人跟我抱怨公司事情很忙，做什麼都沒空，我問他們到底在忙什麼？結果發現幾乎都是在無事忙，或是辦事情之前沒先想過，沒有排出先後順序，總是花大把時間在處理一些瑣事，結果重要的事情卻是拖到最後才作，下場當然是

每天加班。

這裡可以教大家一種方法，拿到事情先寫上標籤，把所有要做的事情分成：

1. 急迫且重要：例如準時完成工作、小孩受傷要送醫院……等。

2. 重要卻不急迫：例如長期人生規劃、陪伴家人孩子、閱讀、人際關係建立……等。

3. 急迫但不重要：表面上很急又很重要，其實不過是滿足別人的期望與標準，例如突然到來的訪客、別人打來的電話、不重要的會議……。

4. 不重要且不急迫：這完全是浪費時間，例如閒聊哈啦、上網閒晃、花過多時間看電視……。

然後依序從重要且急迫的開始處理，這樣自然會把大部分重心擺在值得專心做的事物上，做事的效率就出來了，加班次數應該可以大幅減少。

我這篇是要強調，作任何事情之前都先想一想，端菜到餐桌這種小事也可以先想想我是要同時拿鍋子和隔熱墊，還是先放好隔熱墊再兩隻手穩穩拿鍋子。一開始可能會覺得有點累、有點麻煩，不過試著勉強自己一下，「勉強成習慣，習慣成自然」，會讓你整個人有大幅度改變的。

量小做空，口袋空空。

09

想要提早退休
務必要做的一件事

　　一般來說大學或碩士班畢業大概是二十二到二十五歲踏入社會，以我幫這些朋友做財務規劃的經驗，發現其實大部分的社會新鮮人都有些共同點，也都有犯一些錯誤，但自己卻渾然不知的地方，我把一些要點整理出來，給大家一份適合年輕人的財務規劃建議。

1. 請檢視你的年度收入與支出，這是最最重要的一件事，請先把你每個月會花的錢列出來，例如：吃吃喝喝、購物費、通勤（包含油錢或計程車費）、水電瓦斯費、房租或房貸、孝親費、約會花費、網路費、手機綁約費、PXHOME或是X森購物無息分期付款的錢；再把每年花費列出來，例如：保險費（這

部分分成自己本身的保險和車險、房屋險）、所得稅、紅白包、……等，把這些通通加總起來，這是你的年度總支出。

把你的年度薪水加分紅加年終獎金全部算出來，這是你的年度總收入。

把收入扣掉支出看看是多少，如果是負的，那代表你會越來越窮；如果是打平或小正（一年只能存五萬以下），你想靠投資致富機率很低；一年能夠存十萬以上比較可能在退休時達到財富自由。

這時候問題就來了，如果一年存不到十萬該怎麼辦？開源節流是唯一的方法。如何開源？這要看你的工作屬性，假如工作是屬於越努力會賺越多的，譬如業務或是有績效分紅的，那當然從本業去拼，可是不幸地你的工作是領死薪水，再努力也回報不大的情況，就必須從別的地方來著手，想想你有什麼長才或興趣可以賺錢，一個月賺個五千塊，一年

就能多出六萬。

開源不是每個人都願意做，也不是每個人都能做到，所以除了開源以外，我一般會建議把重心擺在節流上面，很多朋友都說自己窮是因為薪水低，其實大部分都不是因為薪水太低，而是因為亂花錢導致自己都存不了錢。什麼叫做亂花錢？不是說每個月都要換新手機才叫花錢亂花，我看過有人每個月花一萬塊在約會開銷上、每年花七八萬在保險費、每個月網路加通話費超過兩千、每月油錢加保養加洗車加車貸近三萬、……，這種感覺是比較正當的花費才是你的財富殺手。

約會我就不提了，人各有志，只是建議大家選一些不花錢的浪漫可能會比較恰當。二十幾歲無病無痛的年輕人，請保意外險加醫療險就好，最多加個癌症險，其他有的沒的險通通不要保，一個月保費只要超過3000塊都是浪費，賺錢很辛苦，不要急著把錢送給保險公司花。

通話費和買車養車花費我也不講，這部分就看你自己的取捨，只要有在養車，每個月平均一定得多花上萬是跑不掉的。

2. 為自己訂目標和計畫表，例如：三十五歲要有兩百萬現金、四十歲要有五百萬、四十五歲要有一千萬，然後退休要有三千萬。

3. 訂了目標和時程表就可以開始規劃，如果我想要三十五歲有兩百萬，離現在二十五歲還有十年，我每年可以存下十萬塊，所以我要做的就是把這個一百萬塊在十年之間變成兩倍，精算一下之後發現我只要每年平均投資報酬率高於11％複利的情況下就可以達成我的目標（$100,000 * ((1.11\hat{\,}10) + (1.11\hat{\,}9) + (1.11\hat{\,}8) + (1.11\hat{\,}7) + (1.11\hat{\,}6) + (1.11\hat{\,}5) + (1.11\hat{\,}4) + (1.11\hat{\,}3) + (1.11\hat{\,}2) + (1.11\hat{\,}1) + (1.11\hat{\,}0)) = 1,956,143$），所以現在問題轉變成我要如何才能每年有平均11％的投資報酬率。

市場上的錢賺不完，但是你口袋裡的錢賠得完。

4. 如何投資這部分在我網誌裡面已經講到很多，從風險/報酬低到高幾乎都講過，大家就自己去看吧，我只講一點，年輕人的優勢就在於有承擔中高風險的能力，所以不要把目光停留在壽險、定存、REITs這種較低風險的投資商品，未來後悔的機率很大。

　　這是一件很簡單但是非常重要的事情，你至少得要花一個下午去好好思考，靜下心來規劃，檢查有沒有什麼是不知不覺中扯你財務自由後腿的習慣，訂下目標與實現目標的方法，一步一步靠近目標，才能避免掉「少壯不財規，老大徒傷悲」的慘況。

　　特別提醒一下，投資致富一定會利用到股市多空循環的特性，這必須經由佈局買進→持有→上漲加碼→過熱減碼→等待落底訊號重新進場，無法短期見到大成果，所以你在訂目標的時候記得不要把目標時間訂太短，例如一年只能存十萬，卻妄想在三年內變成三百萬，那是不可能實現的，這部分是很多朋友都犯過的錯誤迷思。

10

有錢人的大腦
和你的有啥不同？

你的大腦會決定你的成就。

某期商業周刊有專題討論有錢人的腦和一般人的腦有什麼差別，發現大腦可以分為兩部分，一部分是感性腦，一部分是理性腦。這邊講的與智商無關，有錢人並不一定是天才。

人腦會循著過去的經驗找出一定的規則和模式，作為預測未來的依據，當未來並不如預期的時候，基因中預設選項是會刺激腦中的杏仁體（也就是感性腦）的部分，進而產生想逃避、害怕、焦慮等負面情緒，而有錢人遇到同樣狀況卻能夠由他的大腦額葉皮質（理性腦）控制（所以有錢人佔少數），這部分就很有趣了。

這就像投資股票、期貨一樣，經由過去的經驗（也就是技術分析、基本分析）來選股或是買賣期貨，當行情走勢和預期不同的時候，失敗的投資人（大多數的投資人）就是會受到負面情緒影響，進而被控制，然後做出不理智的動作，例如：買進股票→下跌→丟著不管或攤平→套一輩子或斷頭。

而成功的投資人會怎麼作？買進多單→行情不如預期→判定是洗盤還是翻空→洗盤就先出場等待，翻空就跟著買進空單→獲利。（其實判定洗盤還是翻空這部分應該是盤前就要先想好，而不是盤中遇到才臨時判斷）

每次遇到股市修正下跌，網路上一定會大量出現哀號文：「我該不該停損了…顫抖…這真的只是回檔嗎」、「你只是在顫抖而已，我已經是躺平了，這下子不只是心在痛，是血在流」……，為什麼賠10％沒停損呢？我看到這些朋友很多都賠到三成以上，運用停損點移動法（這個後面會講）早該出場了。就算這次只是多頭中的修正，過幾天會漲回來，等到真的整個大趨勢翻空的時候，我敢保證這些習慣用

感性腦去決定操作的人，會又一次顫抖加流血。

　　其實我以前也是這樣，這個習慣一直是等到進入期貨市場才改掉，期貨走勢難以琢磨，而且速度快，發現方向判斷錯誤的時候，我們該做的絕對不是哀號，而是決定下一步該怎麼作。也就是說「現象」已經出現，我們應該把全部精神放在如何「因應現象」，而不是去探究現象的前因後果。

　　試著冷血、冷靜的操作，把自己當成戰場上的統帥，下面小兵（股票和錢）都只是一顆顆棋子，存在目的只是為了整場戰爭的勝利。局勢實在不好就記得斷尾求生，小輸為贏，以不傷到本為主；如果局勢照著自己的預期走，就要捨棄小利，務必大口咬定，一次就把敵人老巢給掀了（就是可以賺波段就不要當沖）。

　　很多原理都是相通的，投資賺大錢和做生意賺大錢其實沒啥兩樣，遇到逆境時該如何運用你的大腦、如何控制你的情緒可以決定你會成功或失敗。下次遇到股票下跌知道該怎麼作了吧。

任何分析都有其盲點，不要迷信。

11

讓績效決定你的收入，
而不是工作時間

　　去年到上海洽公，和一個台幹朋友聊天，他不經意的跟我說：「今年幫老闆賺了200萬美金，感覺真好。」

　　我說：「哦？那不錯啊，分個10％也有20萬美金。」

　　他說：「沒有分10％啦！哪這麼好。」

　　我說：「喔，那總有個5％吧。」

　　他說：「也沒有，我還是領一萬五人民幣的薪水。」

　　我說：「你沒紅利可以領？那你在得意什麼？」

　　他說：「每個人能力不同，你可以當老闆，我只能當人夥計，所以藉由幫老闆賺錢獲得成就感。」

我說：「……」

我說：「不是要帶我去外灘看看嗎？我要去可以看到和平飯店的那一面。」

我不知道他到底在想什麼，如果他真的有這種心態，其實我還滿難過的，我的觀念裡用「績效決定薪水」是天經地義的，我不能接受幫老闆賺了200萬美金卻一毛錢都沒分的事情，想想你和他的選擇有沒有雷同？

窮人和有錢人的差別就在於窮人喜歡拿固定的月薪，追求穩定不變的薪水，表面上可以獲得安全感，實際上是對自己的能力沒有信心，覺得如果依照能力拿薪水很可能會賺很少，所以乾脆只要賺到吃不飽、餓不死的錢就好，但是他們卻忽略了（可能是不肯面對現實而故意忽略）代價是永遠不會變成有錢人。

而富人卻喜歡選擇根據自己的表現拿報酬的工作，他們往往會選擇業務、老闆、高階經理人……等的職業，只要自己表現越好就能獲得越多的金錢和分紅，雖然必須承擔表現

不好而餓死的風險，但這是賺大錢過程中的必要之惡，逃不掉的。

想想你要的是什麼？

你要穩定收入？不想成為人上人？一成不變的小上班族生活？永遠在M型社會的另一端掙扎？

Ok，fine！繼續做你現在的工作。人各有志，這也是不能勉強的。

你不願就此定終身，你不想今天就可以預知二十年後還在做同樣的工作、同樣的哭窮、用同樣的方式帶同樣的兵、用同樣的教材教同樣的學生、被同一個老闆罵同樣的話，想要站在金字塔頂端往下看？那你就要做一些不是小螺絲釘能做的事情。也許必須犧牲睡眠時間，也許必須犧牲玩樂時間，看你想要追求的是什麼。

我不是說穩定工作就一定不好，如果從小天性或爸媽的教育就是不要擔風險，你的企圖心沒這麼強，覺得錢夠用

就好，當然不需要這麼辛苦去當老闆或是一天工作十五個小時，這種事情沒有什麼對錯，取捨而已。

今天就先把方向和動機確立，有目標有動力要成就人生會比較有效率。

你有想過你真正要的是什麼嗎？然後有真正努力去爭取過你想要的東西嗎？

基本分析很棒，但是時常太慢。

SOP 檢測表

認真落實檢查你的SOP致富程序是否到位，
你所期待的財富就會自動到位！

☐ 檢測每日、每週、每月、每年開銷。
☐ 每天花一分鐘記帳。
☐ 思考如何減少支出？
☐ 規劃如何打造隨身聚寶盆，從計劃表到時程表。
☐ 開始練習寫網誌。
☐ 每天早上、中午、睡前都要花5分鐘思考。
☐ 每天激勵自己要有企圖心。
☐ 培養第二、第三專長。

SOP Check List

Part 2

要上戰場了？
請先建立正確的投資觀念

01

到底什麼是股票？

　　股票會扯到的元素太多，而且各位讀者的程度也差別甚大，文章該怎麼寫才能夠讓門外漢入門，讓有玩過但賠錢的了解為什麼賠錢並改進；讓對股票市場有美好幻想的看清事實真相，讓對股票市場深痛惡絕的朋友不再害怕。

　　考慮到還是初學者的朋友，我們從基本原理開始講，股票是幹麼的？

　　股票代表公司股權，我是公司的經營者擁有100％股權，可是我拿一堆股票沒用，我想要的是銀子，所以我就把一部分股權賣給想買的人（假設賣他一股二十塊），然後他拿到股票，我拿到錢，我就拿這些錢再去投資，賺更多的錢，賺越多錢等於我這家公司能力越強、價值越高，所以當

另外有人也想要買我們公司股票，而一股二十塊沒有人要賣給他，他只好用更高的價格買，直到有股票在手的人覺得價錢跟股票價值差不多，或甚至比他預期還高，這時他才會願意賣出股票。

反之，公司一直賠錢，所以想買的人只願意用比較低的價格去買，這就是股價會波動的原因。

大概就是這樣，太理論的問題不討論，我們重點放在怎麼操作可以賺錢、怎麼操作一定賠錢，畢竟這才是重要的。

這裡先假定大家都是沒有內線的普通投資人，程度介於完全沒玩過到玩過但長期平均是賠的這個區間，常勝軍或是已經知其所以然的朋友就多點耐心，畢竟沒人是生而知之者，對吧？不過可以在維基百科裡面查到的定義類、法規類的知識我就不再贅述，請自己去看，或是問你的營業員，我還是把重心放在HOW TO上面。

投資股票一般來說可以分成幾種層面去看：

1. 國際局勢，包含全球主要國家股市，美國三加一指數（道瓊、Nasdaq、S＆P 500、費城半導體）、歐洲英法德指數、日本、韓國、香港、大陸股市，紐約原油期貨，貴重金屬價格，還有最重要的匯率。

2. 大環境的籌碼歸屬，包含股票及期貨、選擇權市場主力法人是偏多偏空。

3. 台灣特有的政治面影響，這很複雜不是可以三言兩語講清楚的（我是以經濟面討論，沒有政治立場）。

4. 看這隻股票本身的股性，包括其每日平均成交量、平時是會大漲大跌還是永遠不太會動、是屬於哪個類股。

5. 技術面，就是一般股票書看到的均線、量價、指標、波浪，還一些神奇的判斷方法。

6. 股票的基本面，這部分重不重要就看個人投資習慣來決定，是走巴菲特那條路還是走張松允這條路。

我猜已經有許多人被嚇到了，怎麼買個股票要研究這麼多，而且每個都好像不是可以簡單獲得回報的，其實賺錢本來就不容易，賺取比一般人多的錢當然更不容易，一般人每天上班八小時月薪4萬，所以如果希望能夠一個月賺到超過4萬，應該要每天花超過八小時研究股市才合理，不過你周遭有幾個人是每天研究股市超過八小時的？沒有花時間用心去研究卻能賺到比上班更多的收入當然是不可能的，多頭可能可以靠運氣賺錢，遇到空頭鐵定連本帶利全賠掉，這就是為什麼很多投資人做股票會賠錢的原因了。

談談散戶的特徵：

1. 十個散戶有八個不知道自己為什麼要買這家公司的股票，永遠都是朋友報的、營業員報的、非X新聞台報的、XX週刊報的、外資報告推薦的、電視上投顧老師報的……，愛報愛聽的不勝枚舉，問你為什麼要買，是因為這家公司有什麼了不得的產品要上市了嗎？是因為技術分析判斷出有什麼強勢突破條件？指標低檔黃金交叉？還是因為公司籌碼集中很

進場的資金應該要跟指數相反，點位越高買越少，點位越低買越多。

穩定？通通不知道，那你憑什麼會覺得人家要把真的會漲的股票報給你，他自己賺不就好了？尤其是免費無償的明牌更是不能跟單，相信我，在投資這條路上，免費的才是最貴的。

買個萬把塊的手機，大家都很精明，會上網看開箱報告、搜集資訊，會去店裡試用，會作功課，但是投資幾十萬、上百萬的股票，卻只聽別人推薦，自己卻沒作功課，這不是很奇怪嗎？

2. 借錢買股票：這是最笨最笨的事情，除非你有內線，不然千萬別作這種傻事，雖然很吸引人，但是不要上當了，一般來說想借錢投資的人會這樣打算：最高利是信用卡借款，一年20％左右，除以十二個月才不過1.66％，也就是說我只要每個月賺2％以上就夠了。理論上沒錯，問題是有辦法保證每月可以賺2％以上嗎？如果這個月沒賺到，下個月就要賺3.5％，如果甚至還賠錢呢？到最後會變成說因為財務壓力而做出一些不理智的錯誤操作，例如說明明

已經在股票低點附近，但是因為要還錢所以不得不賣出，或是因為受不了壓力而賣在低點，別以為不會發生，這是很有可能的事情。所以借錢投資是最危險的事情。

3. 賠錢不願賣，賺錢早早賣：這是散戶的通病，買股套牢就抱著，一抱就三五年，股價也腰斬再腰斬，不想賣啊！要是我今天賣了明天就漲，我不就是笨蛋嗎？要是現在是低點我應該繼續抱著會比較好吧！是啊！抱著就低點越來越低，資產也越來越少。還有種人覺得沒賣出就是沒有虧損，要賣掉股票才是實現虧損，所以就繼續抱著好了（這種人非常多，我認識一個科技大廠的副總，他在他們公司股價一百多塊的時候有一千多張股票，價值一億多，可是他沒賣，到了這兩年他公司股價跌到八塊多，他依然有一千多張，價值八百多萬，問他幹嘛不賣，他說他股票張數沒變，所以他沒賠錢，當場我就決定還是別跟他再繼續這個話題，該成聊聊棒球好

進場的資金應該要跟指數相反，點位越高買越少，點位越低買越多。

了），這是非常不聰明而且鴕鳥的想法。

另外一方面，就是買了股票只要漲一塊、兩塊就賣掉，永遠賺不到大錢，永遠把金雞母殺掉，永遠小賺大賠跟投資致富鐵則反向走。

4. 喜歡用技術分析判斷，但是真正專精的投資人卻不多，很多人都半吊子亂用一通，連最基本的均線都用不好，當然賠錢機率很大。高手用技術分析操作賺大錢，但是同樣也有非常非常多投資人因為用技術分析操作卻大賠小賺，財富呈現空頭排列。

亂用技術分析的投資人時常會覺得技術分析的勝率是100％，技術分析其實說穿了就是統計學，是投資前輩們由從古到今這麼多次的交易中統計出來當出現A狀況時，後面跟著出現B狀況的機率比較高，有些技術分析甚至無法解釋原因，只知道會有這個特性。既然是統計，當然不可能是100％，所以如果投資人太迷信某種技術分析方法當然可能會出錯，出

錯不打緊，及早認錯就好，怕的是出錯卻不承認，還繼續凹單，那就會小賠變成大賠，賠一成變賠八成，套牢套成斷頭。

例如指標，很多投資人喜歡用指標操作，低點黃金交叉向上代表買進訊號，用這個指標特性操作當然可以，但是建議和別的技術分析工具搭配使用比較好，不然就是要在進場時就設好停損，以防遇到鈍化的情況，像2008金融海嘯那時，時常是明明已經出現低點黃金交叉向上的買進訊號，買進後隔天直接跳空下跌（甚至當天就開高走低），股價一直跌，指標在低檔鈍化，也就是一直黃金交叉個沒完，因為迷信技術分析而沒設停損的都斷頭斷光光。

用技術分析操作當然ok，但是在進場前一定就要先想好退路，如果盤勢如預期就用第一種操作方法，如果不如預期，用第二或甚至第三種修正操作方法，設停損也是一定逃不掉的。

任何分析都有其盲點，不要迷信。

更慘的是一般投資人都很專情，往往只鍾情於一種技術分析工具，妄想靠一種技術分析工具就吃遍所有盤勢變化。每一種技術分析都有它特別擅長和適用的情況，有些時候適合用均線，有些時候適合用陰陽線理論，有些時候適合用量價分析來判斷，有些時候需要均線搭配量價一起判斷，如果單只用一種工具就想通吃千變萬化的盤勢是不切實際的。

例如波浪理論，我只有在當下很明顯符合波浪模型每一波特徵的情況下才會用波浪理論去規劃盤勢，當後來盤勢和波浪理論定義或我操作波浪的經驗抵觸時就會放棄用波浪理論來判斷，改用別的技術分析工具去判斷，當然後面的走勢也就不能用波浪的特性來規劃。

如果你有看非凡台，你一定知道波浪大師這號人物，他就是很明顯不管什麼情況都一定要用波浪理論來分析，所以你時常會聽到他講現在是第一波的第三小波的第五小小波的延伸再做延伸波（什麼跟

什麼？＝．＝a），這就是走火入魔了，這時也許只要用形態學或量價關係就可以輕鬆判斷出來接下來的走勢，大可不必硬套波浪理論。

老實說我的經驗是會一點技術分析卻又不精通比完全不會還要可怕。

5. **不信邪**，很多人都有這種壞習慣，金融市場中沒有什麼事情是不可能的，千萬不要不信邪，一萬點跌下來到六千點，一堆人就覺得已經很低了，不買是傻瓜，事實證明，買了才是傻瓜，後來跌到三千多點；看股票漲五成已經很多了，就去放空，結果飆股漲兩倍、三倍的大有人在，早就不知道被軋到哪裡去了。

永遠記得，不要不信邪，誰知道319會有槍擊呢？誰知道後來一開盤就全部股票跌停？當時買多的人不就哭死。（再跟大家講個當時很有名的故事，2004年當時大部分人都樂觀看待那次總統大選，講起來

任何分析都有其盲點，不要迷信。

是不管藍或綠誰當選都會有慶祝行情，聽說有某位大戶前幾天開始買進期貨多單600口（利用的期貨高槓桿特性，所以600口期貨相當於買了八億多的股票），還在作發財夢，這次應該可以賺翻了，隔天只要台股漲一點就可以賺12萬，天知道竟然發生槍擊案，連兩天跌停，除了期貨被強迫斷頭以外（這就六千萬不見了），還倒欠期貨商五千多萬，這就是為什麼跟大家講不要不信邪的原因。

6. 沒有資金控管，不管現在行情適不適合動不動就喜歡梭哈全押，這樣搞只要做錯幾次就會畢業了，而且會每天壓力會很大，導致做出不理智的動作，把原先該賺的也賠光。

02 到底什麼是期貨？

　　我知道很多人只做過股票，對期貨的觀感不是很好，覺得高風險，跟賭博沒兩樣，會讓人傾家蕩產……，問題是問他到底什麼是期貨卻又說不出個所以然。我今天就來跟你解釋一下。

　　先講期貨是怎麼來的，最以前的期貨是從農產品來的，舉例來說，我是農夫，現在要種小麥，可是因為不知道小麥等我種好以後的價錢是不是還像現在一樣好，所以我利用期貨先用現在的價錢去賣（可能一斤二十塊，隨便舉例），等到小麥真的種出來，再把期貨買回來（可能一斤跌到只剩十塊，所以可以賺十塊），小麥賣出去（也以十塊賣出），這樣跟我小麥用當初的二十塊賣出賺的錢是一樣的。

　　如果小麥漲價到三十塊一斤，那期貨虧十塊，可是小麥一斤可以多賺十塊，正負還是打平，所以達到避險的目的。這就是期貨一開始的由來。

　　於是乎，既然農產品可以這樣作，股市一樣可以這樣作，例如說我是外資看好台灣股市，所以就買了一缸子的台灣股票，但是誰知道明天會發生什麼事，要是突然遇到系統性風險像是921大地震或是911恐怖攻擊，那不瞬間出現鉅額虧損，所以這時就可以利用期貨高槓桿的特性，用少少錢反向作，以求達到避險的目的。即使明天又來一次921地震股市大跌，我的股票虧損但是期貨獲利，虧損會得到有效的控制，這就是為何金融市場不能沒有期貨的原因。

　　到了後來，大家漸漸發現，其實期貨也是一種不錯的投資（投機）標的，等於就是作大盤指數，跟ETF還滿像的，只是多了幾個特性，等等會詳述，也就是說我如果看好台灣股市會大漲（可能因為選舉行情，可能因為外資持續匯入台灣，可能因為全球都在漲，可能很多原因），那我就期貨買多，自然是賺錢有望。反之如果覺得台灣股市會大跌，那就

放空期貨來賺到股市下跌的錢。

期貨有什麼優點是股票沒有的：

第一，漲跌都能賺：空頭趨勢下，市場上幾百支股票都在跌，大部分股票卻被限定在平盤（沒有漲跌就是平盤）以下不能放空，面額（每股十塊錢）以下的股票不能放空，股東會強制空單回補，規定只能賺上漲的錢，下跌就不准賺。還好期貨多空都可以作，漲的時候作多，跌的時候作空，多空靈活操作。

第二，期貨較單純：上市上櫃股票數有一千多支，幾乎每一支股票都有主力在背後，技術不夠好很難找到飆股，但地雷或是牛皮股（三年不會動）倒是一堆，而期貨比較單純，而且主力要控制期貨指數難度高於普通個股，所以安全一些些。

第三，槓桿比股票高，以小搏大：只要賺五百點就一倍（這是指全押的話，一般我是建議作兩成到三成左右就好，風險意識擺在獲利前面）。

基本分析很棒，但是時常太慢。

　　第四，交易量夠大：台股指數期貨每天平均量七八萬口，不會像有些小型股一天才兩三百張，要急用錢或是感覺不對要出場都出不掉，流通量夠大等於是安全比較有保障，不太可能遇到連幾支跌停鎖死出不掉的窘境。

　　當然，不能只說優點，大家會害怕期貨也是有原因的，期貨最大的優勢也是最讓人裹足不前的特點就是高槓桿，也就是說如果全押滿的話大概槓桿是股票的十五倍。

　　一般人聽到這裡就覺得太恐怖了，那不就賠錢一下子就賠光了嗎？然後就發誓不碰期貨，這是毒蛇，這是惡魔……，會害死我全家。

　　這樣講其實有失偏頗，

　　第一，十倍是全梭的情況，我一般是建議只用1/5～1/3資金作，所以十五倍的1/5～1/3也不過三到五倍，也就比融資高一些，用融資操作的人還少了嗎？散戶根本沒在怕的，真要怕就用1/10～1/15的資金操作，這就跟股票槓桿差不多了。

第二，槓桿高低其實跟獲利虧損關係不是很大，股票槓桿低，基金槓桿更低，還不是一堆人虧損，萬年住套房，所以這跟操作的方法和人關係比較大，睡不好怪床歪不是好的投資態度。

　　結論就是高槓桿是不是缺點要看操作的人來決定，方法正確反而是致富速度加倍。

　　第二個人家誤解的是，期貨不是一家公司，看不到本益比，看不到財報，不知道老闆正不正直，感覺買進的原因很莫名其妙。

　　這也是誤會，期貨等於是以台灣加權指數當成一家公司，也就是整個台灣當成一家公司，你對台灣有信心，你買多；對台灣沒信心，你就放空。

　　有沒有愛台灣？有～～！那就買多！

基本分析很棒，但是時常太慢。

03
一般散戶都缺少的贏家特質
──耐心

投資理財一路走來，其實大家到了某一個境界以後程度都不會差太多，但是同樣會用技術分析、同樣知道看報章雜誌都沒有用、同樣會停損，為什麼長期來看還是有人輸光光，有人錢多多？關鍵在於本身的心性，今天我們來談心性中的耐心。

耐心很重要，華倫巴非特最了不起的地方就在於他易於常人的耐心，這分兩個部分：1. 沒買股票是不是有耐心等到好買點，可能一等就一兩年，沒到預定的買點，沒看到人人都視股票為毒蛇猛獸，就是不進場。2. 買進股票以後，沒有碰到停損或停利就是續抱，抱三個月、半年也不會擅自賣出。

　　小小的耐心卻影響大大的投資績效，算給你聽：鴻海2317在2004年的時候跌到100塊左右，就以100塊來算好了，到了2006年漲到超過200塊，如果以兩年賺一倍來算，年報酬率高達41％。但是如果買點是130塊，好像沒少賺多少，可是不知不覺你的年報酬率馬上降到24％。41％和24％十年以後報酬率一個是31倍，一個是8.5倍，天差地遠。

　　而買了以後續抱的耐心也很重要，一般散戶常見的毛病就是賺了趕快賣、賠了不捨賣，自然賺永遠賺不多、賠永遠賠不少。所以我說只要沒有跌到停損點以下，或是沒有碰到停利點之前，就是抱，讓獲利的股票自己去賺錢，我們只要以逸待勞就好。當然這裡是採取我每次講的停損點移動法來操作，不然抱上又抱下也會很鬱卒。

　　何謂停損點移動法？假設買的價位是15塊，那你可以設定跌10％出場，也就是13.5左右停損，如果繼續上漲，假設漲到20塊好了，一樣是跌10％出場，也就是18左右出場，這樣可以確保你不會一天到晚想東想西，還可以賺到大筆的波段獲利，又不會從下抱到上，再從上抱到下。這個10％是

楚格言

操作股票什麼都可以不會，停損點移動法一定要會。

110

我自己講的，你可以設定5％～20％都行。唯一要注意的是碰到移動停損點位千萬不要捨不得，賣就對了，不要想如果賣了會不會明天就開始漲。明天會不會漲是明天的事，今天跌破停損點就是出場，每一次出場都是一個終點，下次再進場是另一場比賽，兩者完全不相干，我有過經驗是把股票在150塊賣掉，160去追回來，結果漲到250。如果我當時想賣掉以後就不想買回，那自然不可能賺到160～250之間的利潤。

我這篇的重點是要講耐心，沒有耐心作投資永遠都是小打小鬧，賺不了大錢，投資交易本身只是單純的買進賣出，只要抓到相對好的價格去買賣，就能獲利。而獲利是需要時間的堆積，沒有一口吃成一個胖子的，畢竟大部分飆股都是大漲小回，有了耐心才能夠撐過小回檔的考驗，也才能夠享受到噴出的甜美。

04
看重小利的人，
不會有大成就

常聽到許多人向我求助股票、期貨的問題，大概有一半的問題並不像一般人預期的是套牢、腰斬或斷頭該怎麼辦，而是股票買了不漲、期貨放空沒跌，或者是股票漲得不夠快該要怎麼辦？

我總是暈倒，問他們：「那你想怎麼樣呢？當天放空就跌200點？還是股票一買就噴五支漲停？」「也不是啦，只是覺得漲的速度沒很快有點不滿足而已。」

以我個人來說，其實比較喜歡「一直不漲停，一直漲不停」的股票，慢慢漲，今天漲一塊，明天跌三毛，可是就乖乖沿著30度左右的斜率上去，兩個月30％這種最棒。這種股票可以抱很久，最後賣出時，總是大獲利。反倒是連續大漲

的股票，我大概等它哪天不漲，我就會出掉了，因為直線上去的總是直線下來。

其實基金經理人和投資人投資每年都有年報酬率20％就很棒了，股神巴菲特的平均年報酬率也不過22％，而除以十二個月以後，每個月只要1.66％就夠了，聽起來並不難啊，怎麼沒什麼人能夠達到呢？

我想了又想，大概是因為多頭賺的空頭守不住吧！我知道期貨在大空頭賺更快，但是作期貨的人畢竟還是少數，現在先討論股票部分，加權指數暫時的投資定律是6000以下買，8000以上賣，但是不能夠保證台灣的經濟情況永遠不變，還是重回到「人棄我取、人取我棄」的反市場操作比較保險，看到人氣渙散，去號子逛逛的時候發現營業員會主動跑過來遞名片，中午吃飯時間營業員都準時吃飯，電話鈴聲很少響起，大概就是準備買股的時候了，我想這部分你也知道，只是做不做得到的問題。

所以放大你的格局吧，把操作的視野放大到半年一年，

不要汲汲營營於一天兩天，甚至半小時一小時，我還沒聽過有哪個厲害傢伙靠當沖致富的。

　　最後送給大家德國股神科斯托藍尼的一句話：「看重小利的人，不會有大成就。」

在投資理財的道路上，記得：免費的才是最貴的。

05
穩定工作應搭配
中高風險投資

　　前幾天和一個朋友約吃飯聊天，席間講到投資的事情，他問我很多定存、儲蓄險相關的投資問題，又問了一點點股票的東西，一副就是想賺多又怕擔風險的樣子，我忍不住說他：「你的職業是高中老師耶，還是公立高中，最保守最穩定的工作了，你選了這種職業就不應該選擇太保守的投資工具，不然你想致富就不知道要等到猴年馬月去了，而且保守職業配上中高風險投資是天經地義的，你想，反正就算賠光也有穩定工作給你靠，有啥好怕？我建議你還是把定存丟掉吧！」

　　他想一想覺得我說的有道理，反正一個月五萬死薪水大概很難變成十萬，不過好處是他的薪水都是可預期的，所以

只要留個兩三個月的生活費在銀行，其他都可以拿來投資，餓不死的。他決定把財產都拿來投資股票和基金。

這個觀念很重要，我會建議工作穩定的人搭配風險稍高的投資工具（像公務員、職業軍人、老師之類的），老闆或是工作壓力很大或是家中唯一經濟來源的就不要選擇風險太高的投資，畢竟前者有後盾，賠光也不怕，後者賠光光大概就只能全家一起燒炭了（楚狂人提醒您，自殺不能解決問題，勇敢求救並非弱者，生命一定可以找到出路）。

可是這時候一個讀者朋友舉手說：「楚狂人雖然你前面講的有道理，不過會選擇穩定工作的人可能心理上理所當然會偏向穩定性高的投資，可能風險承受度比較不高吧，你讓人家去做股票、做期貨，不是害他們食不知味、睡不安寢嗎？」

我說：「那你就錯了，會選擇老師這種職業可能有很多原因，例如說：1. 剛好考大學的分數到那裡，反正也不知道要選什麼，就進去唸了，出來順理成章當老師；2. 長輩覺得

有穩定工作很重要，所以就強迫他們去當老師，女生的比率尤其高。就我所知並不一定當老師都是保守派，我認識好一些表面工作保守但是私底下內心狂野的老師，甚至還有只做期貨的國中老師。」

即使不敢或不想全部資金都拿來做股票，起碼必須把資產分配一下，撥個三到四成來買股票，至少要買台灣50，其他的可以買共同基金或是房地產，資產配置裡面一定要有中高風險的投資工具，不然死薪水搭配死利息，要致富比登天還難。

06
從世界第八富豪身上學投資

號稱中東巴菲特的沙烏地王子瓦利德有很多值得一般投資人學習的地方，關於他本身的詳細介紹有興趣請自己去Google搜尋，我就不贅述。這邊特別歸納出來幾個靠投資成巨富的人都有的特質：

1. 先累積一筆資金，因為投資雖然能夠讓你把1變成2，變成3，變成100，但是如果一開始沒有第一筆資金的話，0乘上任何數終究還是0，所以初始的資金很重要，這部分可以靠工作、靠節省，反正投資以前先努力存一筆錢再說。所以這本書一開始就先教大家如何賺到自己的第一桶金。

2. 耐心，我在我的文章中不厭其煩的提到耐心，因為即

使有精準的眼光,卻沒有耐心去等到好買點及好賣點,終究只能賺到小錢。

3. 永不懈怠的研究,瓦利德每天工作十九個小時,看大量的研究報告,並不是買了就放著不管;股神巴菲特也是一樣,他能夠記住超過一千家股票的相關事情,每一家在紐約上市的公司他都能夠侃侃而談。而一般投資人卻每天只花一分鐘聽朋友或電視報明牌,聽了明牌也不自己研究分析就勇敢進場,完全和兩位股神的投資模式相反。

4. 不要過度分散投資,分散投資能夠讓你避開風險,但是沒有一個富人是靠分散投資致富的,害怕風險的人註定一輩子賺不到能夠俯視眾生的財富。把雞蛋放在同一個籃子裡面,然後好好照顧它才是正確的,瓦利德雖然身價200億美金,不得不分散,但是他卻嚴格遵守每一筆投資一定會超過他資產的1%,因為這樣才會對他的財富有實質上的助益。掉頭來看巴老先生,巴老先生身價四五百億美金,不過他

一樣把資產中極高的比例是投資那些核心持股：可口可樂、吉列刮鬍刀、箭牌口香糖之類的。他們都因此致富，所以如果你不是富可敵國就別再相信廣告上告訴你的錯誤投資觀念了。

5. 要有好的變現性，不要一天到晚想著去買壽險、長期定存、連動債……這種會卡死資金五年以上的投資，我認識很多人買這些投資都因為中途急要用錢而被迫以很差的價格解約，造成大幅虧損，投資隨時要進可攻、退可守，股票、期貨，共同基金是比較好的選擇。

6. 選寡佔或是企業價值極高卻帶衰的公司買進，這招也是講爛了，巴老先生的可口可樂、華盛頓郵報、吉列公司……等，瓦利德的花旗銀行、喬治五世飯店，這一點是真正讓他們大賺錢的絕招，請刻在電腦上提醒自己。

7. 全球化，不要把目光侷限在小小的台灣，王子的投

跌五成要漲一倍才能回本，這是常識。

資遍佈全世界，亞洲、歐洲、美洲，even非洲，世界上好公司太多了，沒必要只投資沙烏地阿拉伯的公司，對你我來說也是一樣，沒必要只投資台灣的公司，例如在網路上開戶買美國股票就是很棒的事。

除了讚嘆瓦利德的財富奢侈以外（這部分沒什麼可以學的），更重要的是思考有沒有可以借鏡的地方，有為者亦若是，雖然現在你的錢還不夠多，不過英雄不怕出身低，李嘉誠也窮到當過店小二不是嗎。

07

賠錢沒有藉口

　　2008年從高點跌下來，我幾個朋友跟我抱怨：「這次崩盤都怪次級房貸，要不然真的萬點不是夢。」

　　我說：「這次是因為次級房貸。那2000年萬點崩盤呢？」

　　他們說：「那是因為民進黨沒有經驗，片面停建核四、唐飛下台⋯⋯等等事情導致的。」（我沒有政治立場，這只是轉述我朋友的話）

　　我說：「那你覺得97年10,256那次崩盤是什麼原因？」

　　他們說：「那次是因為電子股熱過頭，所以大修正。」

　　我說：「嗯嗯，所以都是他們害你們賠錢囉？」

他們說：「當然啦，要不是ooxx這些理由，我們一定可以賺很多的。」

我說：「聽起來你們每次賠錢都沒有學到教訓，難怪每次崩盤都有份。」

金融操作是一種最現實加上100％結果論的行為，因為你不能跟證交所講說昨天我作股票賠錢是因為我感冒頭腦不清楚，不小心手去點到，所以希望證交所把昨天買進套牢的錢還給你；你也不能和期貨交易所說昨天因為我一時晃神，把賣空按成買多結果斷頭，希望他們把斷頭的部分匯還到你戶頭。沒有人會可憐你是因為什麼不可抗拒的因素而賠錢，簡單的說，投資理財是只看結果不看過程的。

如果你同意我這樣說，為什麼卻常常忍不住會像上述我那些朋友一樣幫自己賠錢找藉口呢？

或許你會說這兩件事不一樣，次級房貸又不是你造成的，你甚至房子是租的，這不能算是你的錯誤，但是我看起來沒啥不同，同樣都是投資操作錯誤而造成損失。知道感冒

頭腦不清楚應該不要操作，那為什麼不知道次級房貸會導致經濟降溫應該不要買股呢？知道要專心下單不要晃神，那看到多支股票跌破重要支撐卻怎麼沒想到要落袋為安？

上次一個朋友和我唉聲嘆氣地說他因為兒子要出國留學，需要一大筆錢，所以被迫把股票砍在低點變現，要不然他打算抱著等下次反彈再出場，那就不會賠這麼多了。

我聽了就很想揍他，他第一不應該把原本規劃要讓兒子出國的錢拿去買股，第二不應該賠了不停損，第三不應該把自己的愚蠢怪罪到兒子身上，第四不應該和我抱怨。後來我只好教育他以後安慰說：養兒防老，以後兒子會幫你賺回來的，……。

結論是作投資不需要更不應該為賠錢找藉口，因為找到再好的藉口、找到再適合的代罪羔羊也沒法把錢要回來，唯一可行的是學到教訓，下次不要再犯同樣的錯誤，然後賺更多錢回來，這才是正面而且正確的投資心態。

操作股票要獲利，記得：做的和你想的相反就對了。

08

投資與投機
有何不同？

　　金融市場上可以分為兩派：投資者和投機者。投資這一派的精神領袖是巴菲特，投機這一派通常崇拜索羅斯或是科斯托藍尼，兩者沒有優劣之分。要參加哪一派純粹看你的個性和習慣。

　　哪一派比較會賺？答案是兩派都很會賺，巴老花了幾十年從十萬美金賺到四百億美金，而索老在兩個月內利用時機加上精密的計算就從英格蘭銀行（英國的央行）手中賺了十億英鎊，到底誰厲害，我只能說真的都很厲害。

　　反觀有趣的台灣股民，一般來說台灣股民都是預設想當投機者，也就是賺資本利得（資本利得就是賺差價），這沒有什麼不好，有本事買低賣高一樣能賺錢，而且賺差價還

不用繳稅，問題在於往往投機客一碰到股市下跌就突然變身為投資客，明明只想在五十塊買進，六十塊賣出，結果股票不漲反跌到四十塊的時候，投資人的偶像也就從索老變成巴老，決定要效法巴老一檔股票抱十年的耐力，買低賣高是不智的，要長期投資才能賺到大錢……。

反過來說，市場上也有一群人在看了電視上的介紹以後決定要每年定期定額投資台灣50，結果買了一個月剛好碰上台股上漲500點，台灣50也上漲，於是就自作聰明想高出低進（從投資者變成投機者），先賣掉想等跌下來再買回，不巧台股這波既淒厲又剽悍一口氣漲了快兩千點，一路等拉回等不到，等不到修正就怕追到高點所以遲遲不敢買回來，但是不買又怕它頭也不回地繼續漲，到現在不知道該怎麼辦？

有沒有感覺這兩個例子很熟悉？你我身邊都有一大票這種人，決定要投資股票，又自作聰明改成投機，要投機賺差價，卻又不敢面對現實，下不了決心汰弱留強，最後當然會賺的時候沒賺到，賠的時候沒漏掉。

你有沒有上述的壞習慣呢？想一想成功和失敗的例子之間的差別，知道自己該怎麼改進投資習慣了吧！

09
新手、老手、高手
有何不同？

　　市場裡面的投資人大概可以分為三個階段，1. 新手，
2. 賺不了錢的老手，3. 能夠持續賺錢的高手，其中第一類人
大概佔有40％，第二類大概55％，第三類大概5％，我來分
別解釋一下。

1. 新手，很多人可能之前是念工科、念文科的，在網路
   或是電視上看到專家講「人不理財、財不理你」之
   類的話，感覺有危機意識，於是就決定開始踏進股
   票市場。買什麼？電視上分析師推薦的。買多少？
   有多少錢就買多少。什麼時候打算賣？有賺了就可
   以賣了，或是永遠不打算賣。

   這類型的人總是初生之犢不畏虎，動輒喜歡十成資

金梭哈,多頭時候很多人可以一年賺三倍,但是空頭卻大多會連本帶利全部吐出來,例外者鮮矣!

2. 賺不了錢的老手,市場上這種人非常非常多,通常都經歷過萬點崩盤,有一部分人會從此不做股票,並且告訴他們的子女還是認真工作比較實際,另一部分的人則是已經上癮,即使總是賠多賺少卻依然樂此不疲,每個人都有一套自己的股票經,而且技術分析都很厲害,心情會隨著股票的漲跌而起伏。

多頭時候因為有遇過崩盤的經驗,所以只要一洗盤就很容易被洗掉,即使是大多頭也賺不多;空頭的時候跌下來知道要停損,也不會大賠。看到大漲會想追一下,看到急殺會想搶反彈。大概就是維持死不了、吃不飽,絕大多數你我身邊的長輩處於這種階段。

3. 賺錢的高手,這個階段和第二階段的差別在於幾個地方:

（1）能夠「欣然」接受沒有買在最低、賣在最高的事實，買最低、賣最高這種高難度動作需要承擔較高的風險加上大福神附身才有機會，所以真正高手都是只吃魚的肚子，多刺多骨的魚頭魚尾巴都捨棄掉。

（2）不會為了治手癢而進場，進場是為了賺錢而不是想參與，我在金融操作所為何事那篇有提到的觀念是許多人都常犯的錯誤。其實真正高手都是沒把握就等待，有機會才大口咬定。

（3）股票漲跌並不會影響情緒，以我自己的例子來說，股票期貨賠錢或賺錢我不會生氣和高興，賠了就賠了，下次賺回來就好，賺錢也沒什麼了不起，下次可能會賠錢，要做到賺錢時處之淡然；賠錢時處之泰然的境界。唯有隨時都冷靜對待盤勢才能夠保證判斷和操作不會受到情緒影響，以致於做出殺在最低或是買在最高的蠢事。

所以第二階段和第三階段差別並不在於技術或技巧，而在於操作者的「心」，這也就是為什麼我常常和大家講有了正確的心態才是獲利保證，技巧不過是提高勝率罷了，第一階段到第二階段只需要一兩次的多空循環加上自己用功學習，並不是什麼難事，大多數人卻終其一生會卡死在第二階段的瓶頸，沒法進入第三階段，因為他們的技術夠了，「心」卻還沒準備好。這部分沒辦法教，一定要靠自己想通才行。

　　您現在是在哪個階段呢？

10
投資其實
一點都不難

　　投資理財是一種很特殊的行為，一種和自己的競賽，就跟減肥或是打高爾夫球一樣，表現不好你不能責怪隊友，因為所有判斷、所有動作都是你自己獨立完成，儘管過程中旁邊不停有人影響你、干擾你，但是真正決定勝負的關鍵還是在於能不能戰勝自己。

請捫心自問你有沒有下面這些壞習慣？

1. 明明知道現在股市已經漲到全市場都瘋狂了，但是克制不住自己內心的貪婪去追高，最後套牢；

2. 明明知道外資報告、報紙、雜誌都是騙人的，但是內心覺得遠來的和尚會念經，總是忍不住被他們說服

買進而被當作出貨的對象；

3. 明明知道買了ETF或定存股是為了安穩投資領股息，
   卻忍不住在上班時候偷看，想高出低進賺差價，諷
   刺的下場總是賺小賠大；

4. 明明知道不要在大盤下跌的時候去接刀子攤平，卻常
   常想著已經跌很多了，現在逢低買進機會難得，腰
   斬甚至膝蓋斬與你是好朋友。

之前貼我文章到網路上，有不少人回應說：「會投資
的都不會講祕訣，嘴巴大的錢包都很薄！」我必須說：「你
錯了！我完全沒有也不需要藏私。」就算我把之前學會的東
西都一篇一篇地寫給大家，由於前述投資理財這項行為的特
性，我敢打賭絕大多數人還是賺少賠多。

這很有趣，就好像人人都知道減肥的不二法門就是少吃
多動，可是還是很多減肥失敗的案例；同理可證，戒菸、運
動、不熬夜、多看書少看電視……。

我一個朋友，他投資習慣很不好，楚狂人的投資筆記網誌上面每個負面案例的行為他幾乎都具備，我光是讓他改變「套牢不賣」這個習慣就花了六年，每次和他講不停損不行，他自己也知道他有這個毛病，但是每次到了那個關卡他總是又退縮，永遠砍不下手，「要是我一砍明天就漲上去怎麼辦？（我心想：你怎麼沒問明天繼續跌怎麼辦？）」、「要是我賣掉不就虧錢了嗎？（最好是沒賣掉就不算賠錢）」、「要是我砍在最低點怎麼辦？（那只能算你衰了！）」……，諸如此類的想法整整困住他十五年。到了前幾年他終於自己想通了，把手上爛股賣一賣，拿回一開始起始投資資金的1/5，重新買了幾檔績優股，到現在已經賺回30％，和他聊到投資的時候，也不像以前一樣畏畏縮縮。難道他是因為看了我的文章還是因為我告訴他什麼大絕招而變身成功嗎？都不是，不過是他自己想通了而已。

任何分析都有其盲點，不要迷信。

任何分析都有其盲點，不要迷信。

投資很難嗎？
為什麼投資致富的人這麼少？

　　我說其實投資一點都不難，不過是持續性單純又規律的動作而已，操作股票唯一的敵人並不是邪惡的主力作手或外資法人，敵人其實是你自己的個性，只要能夠每次戰勝自己再加上一點點投資的小技巧，欲求一敗而不可得的境界就近在咫尺了。

11

順勢操作與
逆勢操作

何謂順勢操作？簡單說就是看到股票或期貨漲就買多，跌了就放空。而逆勢操作就是根據某些條件判斷股票或期貨已經漲得差不多了就出場或放空，跌得差不多就買多。

朋友問我哪種比較好？我說各有各的優缺點，沒有哪個是一定比較好或比較壞。

自從亞當理論（注）紅了以後，市場上自認高手的人總愛批評逆勢操作，一般都是講：「去接跌下來的股票是找死，誰知道這裡是不是底部」，或者是：「散戶都愛逢低買進攤平，但是每次卻總是越攤越貧」，但是其實世界上真正靠投資致富的大富豪其實都是逆勢操作者，例如巴菲特、科斯托藍尼、沙國王子瓦利德，他們的觀念就是當好東西真正

便宜到極點，就先買再說！買珍珠要在它蒙塵的時候，買和氏璧要在它還顯現不出光芒的時候，於是乎他們選定好公司被市場莫名其妙錯殺的低檔大力買進，等市場重新還給這些低估的公司應得的價格時自然賺大錢。

是不是例子太遙遠沒感覺？看看台股只要敢在台積電40以下、中鋼20以下買進而且耐心持有到現在一樣是賺得盆滿缽溢，只是這種人很少而已。

而順勢操作的大部分都是賺小錢，好像沒聽過哪個人因為順勢操作而登上富比士雜誌富豪排行榜的，台灣最有名的大概就是人稱期貨天王的張松允，他就是靠順勢操作賺到十幾億身價的，不過和前面動輒千億比起來就感覺等級有差。（科老先生不算，他不能算巨富）

逆勢操作有點像是賭博押大注，不是大贏就是大輸，而順勢操作就是押小注，力求累積小贏成大贏，我說兩者沒有對錯，看個人操作的功力和習慣決定。至於為什麼絕大多數投資人逆勢操作沒大賺卻會陣亡呢？後面有一篇叫做你真的

了解危機入市是什麼嗎？會講得更清楚。

　　BTW，我自己的投資習慣是兩者兼具，明顯多頭攻擊時順勢操作賺小錢，遇到天災人禍的時候就進場撿便宜賺大錢。

注：何謂亞當理論？重點只有兩點，一、股票為何會漲？因為它正在漲；二、亞當理論認為投資人永遠抓不準頭部和底部。但是頭部和底部出現時，亞當理論只會錯一次。講白話一點就是什麼時候該買股票？股票正在漲的時候；什麼時候該賣股票？股票正在跌的時候。

楚格言 137

12

股市新手都是
怎麼陣亡的

做股票、期貨的人多數都賠錢（股票大約80％～85％，期貨大約95％），一般來說賠錢的股民可以分成愛劃線的技術分析派和愛看電視的自以為長期投資派，前者通常是老股民，後者往往是剛開始接觸股票的新手，我們今天先來看看新手都是怎麼賠錢的。

故事總是這樣開始的：楚小小是一個剛畢業的社會新鮮人，他在1999年剛到一家公司上班，公司裡面的大哥大姐都挺照顧他，時常會提點他，某一天前輩甲跟他說：「小楚啊，趁你還年輕要趕快學會投資理財，不然退休會很淒涼。」

於是楚小小就很乖巧地去書店找投資理財相關的書，

看到一堆圖形的股票書他頭就很痛，也看不懂，就只好找那種說故事教投資的，而這種絕大部分都是跟他講長期投資比較好（理財聖經、股票聖經之流），翻了兩本他就覺得自己懂了，長期投資還不簡單，買了不要賣就好，可是因為隔行如隔山，不知道買什麼，所以就只好看電視上的分析師的推薦熱門股，他挑一支有聽過的公司——聯電買了抱著，中間漲漲跌跌，死都不賣，給他碰上聯電五合一的大利多，大漲一波，也有遇到一些利空下跌，像是921大地震也沒把他洗掉，最後聯電漲到120塊，楚小小很得意，玩股票有什麼難的，套住就不要賣，他自然會漲回來，公司那些老頭都腦袋不清楚，買了不賣都不會，哼！！

　　於是他從七十塊買了一張，中間參加除權，又填權，抱到120的時候，到處聽到看到的消息都覺得聯電很有可能會突破之前175塊的歷史高點。於是楚小小在想如果漲到175他就可以一張賺十幾萬，白天工作也都一直想偷看股票今天怎麼樣了，心理對於這份工作變得可有可無。

　　漸漸覺得一張一塊這樣太慢，他把一張現股改成兩張

融資，這樣賺錢速度x2，他深深地為自己的決定自豪，等到大盤上了萬點，有一陣子股票都沒再創新高，他覺得有點納悶，怎麼報紙上法人評選第一名的股票沒什麼漲呢？不打緊，繼續抱著，反正長期投資才會賺。

股票開始下跌～～！

聯電跌到100塊了，楚小小以為又是一次像921那樣的買點出現，又籌10萬去買兩張，現在總共有四張融資，賺錢速度可以加倍。他滿懷希望地想著。

繼續下跌，跌到80塊，楚小小還想買，可是口袋的錢不太夠，好吧，就續抱好了，真可惜，要是我買了平均成本又可以降低，只要漲個10塊就回本，漲回120就大賺。

繼續下跌，跌到55塊，營業員打電話來說維持率不夠，要補錢，不然就斷頭，天啊！怎麼可以讓他斷頭，那不就什麼都沒有了嗎？跟老爸老媽先借一點錢來頂著，等到漲回去就還他們。

跌到50塊，老天保佑，我不要求他漲回120，漲到100就好，不不不，80就好，只要讓我拿回我的本就滿足了。不然我怎麼面對我爸媽啊！

跌～～！跌～～！跌～～！Repeat！

終於狠狠地跌破50塊，還記得那天大盤跌了四百多點，一大票人和楚小小一樣斷頭斷得乾乾淨淨。「股票好難啊！我再也不要碰股票了。」楚小小這樣想。

By The Way，第二天就開始一千點的反彈。但是這和楚小小一點關係也沒有了。

楚小小做了哪些錯事？

1. 他不該融資，什麼都還搞不清楚就使用融資，那是死路一條，融資是一把銳利至極的寶劍，高手使用就削鐵如泥，低手使用就容易削到自己手。

2. 他不該攤平，賠錢代表看錯做錯，做錯不要緊，認錯就好，不認錯還變本加厲、錯上加錯，當然賠錢速

沒有哪種投資方法是完美，你應該選的是最適合你的投資方法。

度更快。

3. 他不該人云亦云，沒有不勞而獲的，只看看報紙、看看電視就發大財，那天下沒有窮人了，自己買的股票自己要下苦功研究，不然就別買股票，定存比較恰當。

這沒什麼大不了，楚狂人我以前也斷頭過，和楚小小的情況幾乎一模一樣。

即使準十次只要第十一次出錯就全盤皆輸，千萬別賭，因為輸的機率真的很大。

13

股市老手
不等於股市贏家

投資這件事最有趣的地方就在於久了不一定就會變專家，與任何工作都不同，你身邊一定有很多很多人股票已經做了十幾二十年，還是一樣每次玩每次賠。這就是股市迷人的地方。今天來講講為什麼股市老手不等於股市贏家。

楚大叔知道自己和身旁那個歐巴桑的臉色一樣難看，因為剛剛大盤又無情的破底，他的股票再也補不出保證金，被斷頭了。唉～～！不該聽人家講要長期投資的，長期投資害我虧了幾百萬。我要想想該怎麼翻本才好，電視上分析師那招不錯，每支股票好像都可以畫出支撐和壓力，要是我也學會就好了。

楚大叔痛定思痛之後，第二天就到書店去買了七八本技

術分析的書來看，指標、波浪學、型態學……，雜七雜八通通買回家研究。慢慢研究出一些心得來，知道電視上的分析師為什麼說量價背離不好、KD值下彎就死定了，abc三波修正是什麼意思。

「喔～～！我以前會賠錢的原因是不懂技術分析，現在該是我老楚翻身的時候了。」於是楚大叔就用技術分析開始在奇摩股市找標的，找了一支看起來已經築好底準備上攻的股票，隔天早上就市價買進。這支股票果然沒有辜負楚大叔的期望，真的上漲，漲了大概20％以後，開始不動了，每天只是上下震盪，楚大叔心想：明天就賣掉，頭部都做出來了，該是選別支的時候。

隔天早上市價賣出，賣完以後果然就急殺半根停板，楚大叔得意至極，卻又故作輕鬆地跟隔壁的阿桑說：「我早就說這支已經作頭，今天只殺半支停板很客氣了，明天鐵定跌停。」言猶在耳，這支股票第二天突然爆大利多，開盤就漲停鎖住，兩天就漲過前波高點，當場讓楚大叔顏面掃地。「這應該是我運氣不好，剛好我一賣就出利多。」

隔天楚大叔再接再厲找了一支擁有看起來簡直是技術分析教科書一樣完美線型的股票，「這支股票這麼漂亮可不能讓它跑了，我押重注這次鐵定要連本帶利賺回來。」楚大叔心裡想。

　　隔天果然就跳空漲半支漲停，可是天不從人願，市場突然傳出這家公司下個月營收會大幅衰退，外資全部調降評等，午盤後急殺跌停，楚大叔傻了，「怎麼可能呢？怎麼我這麼帶衰，一賣掉公司就放好消息，一買進公司就出壞消息？難道我真的不適合做股票？」

　　沒錯，楚大叔你的確不適合做股票，我以前就有提過，技術分析學一半還不如不學，而且千萬不要100％迷信技術分析做股票，那是會受傷的。

　　醒醒吧！現在全國有哪個股民沒有聽過KD、MACD、5MA……這些東西，如果你學技術分析都只是教科書上教的那些怎麼可能賺大錢呢？

　　股市老手幾乎都有個壞毛病，很習慣會因為某個學派

的某個判斷方法，一口咬定這個點一定不會跌破或是不會突破。

金融市場唯一可以確定的就是沒有不可能。

KD值已經在高檔死亡交叉，當然要放空，未必未必！

出現量價背離代表要崩盤，當然要趕快出清股票，很多例外喔！

反例很多，隨便找都有，我今天只是要帶給大家一個觀念：要就學好技術分析，不然乾脆不要用技術分析，而且就算用技術分析也不可迷信勝率一定是100％，隨時都要設好停損以防萬一。

你可以根據財報選好股票以後，用技術分析篩選一下，把一些線型太醜的刪掉，再從剩下的股票去選出想買的標的；你也可以先根據技術分析選出強勢的股票，再用基本面去篩掉沒有成長的公司，這兩種方法都很棒，也才是正確的投資態度，如果只因為這支股票有五波上漲的態勢就去買

進，那看錯的機率會很大。

當然還是有只看技術分析而賺錢的人，不過這種人相對較少，而且他們也絕對不會只單看一種，通常是好幾種分析綜合評估，選出的股票完全符合買進條件，再配合停損停利來操作，這樣才有可能賺錢。

不知道楚大叔什麼時候才會想通這個道理，願意真正下苦功把技術分析和基本分析學好呢？

14

期貨操作
比你想的還要難！

　　一般投資人對於期貨普遍的印象都是槓桿高、贏家少、
股票高手才敢作期貨、賺錢必須冷血無情⋯⋯，其實期貨
未必像大家想的這麼可怕，某些角度來看甚至比股票還單
純，以台灣股票期貨來說就只有台股指數期貨、電子指數期
貨、金融指數期貨三種而已，一般股票卻有兩千支，而且每
一支的技術面、籌碼面、基本面都不同，所以股票比期貨要
複雜得多。加上大多數股票平盤以下不能放空，雖然某些情
況限制了賺錢機會，但是換個角度想也減少了一半的被巴次
數（換句話說就是減低放空股票，股價卻上漲導致你賠錢的
機會），所以應該更不容易受傷才是，那為什麼做股票賺錢
的比例要高於作期貨賺錢的比例呢？（股票大約80％賠20％
賺，期貨大約95％賠5％賺）

　　楚小小（注）自從上次股票斷頭以後就不談投資好一段時間了，這段日子他每天晚上都做惡夢，每次回家都感覺愧對父母，過得十分不快樂。意志消沉以外還有些許屬於年輕人的不服氣，不相信自己就此被打敗，於是乎在偶爾的機會下發現台指期貨這種投資工具，他欣喜若狂地覺得自己反敗為勝的機會來了。

　　楚小小存了二十萬作一口期貨，相當於作一百五十萬的股票，「上次賠錢是因為不知道要停損，這次只要我做錯停損，做對續抱就可以大賺小賠，賺一點就200塊，我每天只要賺個30點就好，一天賺六千，一年賺一百多萬，我就翻身了。」他美滋滋地想著。

　　可惜天不從人願，可能技術還不夠好，可能老天故意刁難他，楚小小發現每天賺30點好難，看到期貨漲就追買常常買在高點，小跌個二十點就會怕，趕快停損出場卻又再次漲上去，再追一次又跌，賣掉後又漲。等到發現小跌只是在洗盤，跌二十點繼續忍住不停損的時候，卻發現盤勢翻空突然跌了一百多點，而且還有續跌的態勢，只好被迫停損在更低

點。作空的時候就和上述情況相反，一樣總是在賠錢。而且每次交易都要付出大概五點的手續費，一天只要來回兩次就兩千塊錢貢獻給券商和政府了。要賺錢真的好難。

楚小小忍不住想：「難道是我今年犯太歲嗎？怎麼我作多的時候大盤就下跌，作空他就上漲，感覺有一隻黑手在跟我對作似的。雖然有的時候會賺錢，可是做了兩個月下來總是賺得少、賠得多，二十萬的本，不但沒有每天賺六千，甚至連每天不賺不賠都做不到，現在資金只剩下一半，連一口期貨都買不起了。」

「莫非我真的是投資界的阿斗嗎？」他無奈地看著手上的虧損紀錄，心頭沉甸甸的。

很多朋友都有這種疑惑，理論上來說期貨應該很單純，不是漲就是跌，漲了就買多，跌了就放空，怎麼會賺錢比率這麼低呢？

為什麼會這樣只要有操作過期貨的朋友都能體會，我就不多提了，我只想和大家分享一下我作期貨賺錢的訣竅：

1. 資金比重降低，一口台指期貨要十萬左右，建議大家留三十到四十萬作一口，不然只要盤中小小震盪一下就會受不了，操作時壓力太大自然會很容易做出空在低點、買在高點的蠢事。

2. 不要當沖，也就是把進出次數減低，我還沒有聽過靠當沖致富的，一般投資人一天只要來回進出兩次就需要兩千塊成本，一個月算二十天交易日就需要四萬塊，也就是說交易成本佔本金的40％，長期操作下來不虧錢都難，我建議一個禮拜一到兩次進出會比較恰當。

3. 自己要有屬於自己的一套系統，只要看到某些條件成立就買多，某些條件成立就放空，買多的時候大盤卻跌下來幾點要停損，放空大盤卻漲什麼時候停損……，這部分自己可以發揮創意，不過找到自己可以接受的系統之後就要乖乖照作，即使賠了幾次一樣要照作，不能賠了幾次就賴皮，等到系統做對了再跟卻又碰到賠錢，最後總是「賺的時候沒跟

看到空頭吞噬，先閃人再說，因為掛點機率太高了。

到，賠的時候沒漏掉」，只要願意乖乖跟單，長期操作下來應該賺多賠少並不困難。

4. 別想著買點以下皆為買點，賣點以上皆為賣點的操作，期貨上漲盡量不要放空，期貨下跌別作多，逆著盤勢操作受傷的機會很大。

除了這幾個觀念，有些東西還是得自己操作了以後才有體會。

注：關於楚小小相關故事，請參閱拙作〈股市新手都是怎麼陣亡的？〉

15
成功投資人的特徵

　　大家都知道巴菲特是世界上最成功的股市投資人，他操作的中心思想就是先分析、物色好想要投資的公司，開始等待這家公司不小心被大環境拖累跌到他心目中的價位時買進，然後續抱，抱到他認為當初吸引他購買的動機消失為止。

　　大家也都知道索羅斯是世界上最成功的投機份子，他操作的中心思想是根據國際局勢、財務工程、手中大筆的資金、他個人獨有的敏銳嗅覺、一擊不中就退場的停損魄力……等武器配合之下，造就他的成功。

　　那一般投資人呢？我沒有巴菲特異於常人的耐心，我想要早一點進場賺錢；我也沒有索羅斯大筆的資金和手下的專

家幫我分析,我該怎麼辦呢?

以股票投資為例:股票還是最棒的投資方式,而且多樣化,保守的投資人可以買定存概念股或是REITS,穩中求勝的投資人可以買ETF或是大型權值股,積極型投資人可以買中型成長股,賭徒可以買小型主力股,瘋子可以用融資買小型主力股。

有沒有注意觀察過成功的投資人和失敗的投資人差別在哪裡,成功的投資人往往有自己根據的一些規則,他就負責遵照他自訂的規則去操作,在買進條件未滿足以前,即使漲很凶也不買,在未達賣出條件以前,即是急殺也不賣,中間沒有模糊、沒有妥協、沒有先買再說或先賣再說,一步一步照規矩來。重複又單調的一次次操作中獲得利潤,當然會有做錯看錯的時候,不過只要賺的比賠的多,長期下來自然就是投資贏家,可以過得很滋潤。

而失敗投資人最大的特徵就是操作沒有一個規則,買進賣出只憑感覺,也就是說會被盤面上的氣氛影響,在大跌

的時候很悲觀、大漲的時候很樂觀，明明漲勢還沒結束就愛猜是不是到頂、跌勢中又愛猜底部已經到了，一個字可以形容：UNSTABLE（不穩定）。很明顯這樣會失敗。

所有的事情分析過後都不難，要成為投資常勝軍第一步就是先去研究哪些是好股票的必要條件配合你的投資個性去選擇，以我自己為例：

條件1. 每日成交均量低於1,000張的股票我不碰，雖然每天漲停的滋味不容易嘗到，每天跌停的滋味也無福消受，取捨的問題。

條件2. 均線下彎的股票我不碰，要漲要噴起碼要先準備好，均線通通往下壓，要漲當然就壓力重重啦。

條件3. 太低價的股票我不碰，十元以下的股票代表它股票本身一定有問題，即使有轉機股的可能，但是下市的可能性也不小。

條件4. 上漲角度太陡峭的股票我不碰，噴出代表買力耗

操作股票要獲利，記得：做的和你想的相反就對了。

竭的可能性很大，沒必要去接到最後一棒。

大概想到這些。其他你可以自己加上去，例如說：財報裡面現金流量要正的，轉投資不要太多，每年穩定成長，ROE要夠高⋯⋯等，可以自由發揮。

選完股票就把符合條件的股票放到觀察股選單裡面，這時候就要請出大絕招「停損點移動法」，我知道這招講過很多次了，可是這招最好用啊！挑一支最順眼的就買吧！

一次一次重複獲利，財富自然累積，遇到股票下跌也不怕，因為你在買進之前就已經做好萬全的準備，跌到停損點下就出場，知道最大虧損在哪，自然虧損承受能力會提昇，也不會讓情緒去決定你的進出（因為靠情緒感覺操作往往死路一條），投資本來就應該是一件很輕鬆、很舒服的事情，起碼要開始練習怎樣才能讓自己處於很舒服的狀態來投資。

16

台灣50是每個投資人
必備的基本持股

　　為什麼ETF這麼迷人，把自己跟全台灣幾乎最強大的五十家公司綁在一起，讓張忠謀、郭台銘、施崇棠……這些大老闆幫你賺錢，這是多麼棒的一件事。

　　想投資卻又不知道該怎麼著手的人就買台灣五十（0050）吧，簡單的去券商開證券戶頭，就跟買股票一樣，定期定額的買，不要作價差考慮，有錢就買，別小看那溫吞水似的台灣50，2003/6/30上市，上市價31.25元，中間幾乎每一年都有配息，現在55，年化報酬率超過兩成（兩成很偉大，股神巴非特也不過兩成二），考量到遇到空頭會折損一些獲利，長期投資打個七折至少每年的投資報酬率也有14%。

　　即使自己有買股的人，我一般也建議把台灣50納入核心持股，這樣可以避免掉一般散戶最常碰到的「賺了指數、賠了差價」，起碼你的績效不會輸給加權指數，別小看加權指數，市面上的共同基金能夠贏過大盤的大概只佔15％左右，而且這個月贏的基金，下個月可能又輸，每年都贏過大盤的比例非常低。

　　除此之外，ETF的平均管理費約為一般股票型基金的三分之一，交易稅僅為一般股票的三分之一到四分之一，投資成本相對低廉。省下來的都是賺的。

　　所以只要有買股票的投資人就務必要拿部分資金來買台灣50，不買一定後悔。

怎麼買？

有幾種操作方法：

1. 只要價格低於45就進場，跌越多買越多。因為45塊約等於台股的6000點，而台股只要低於6000就是相對低

估，半年內一定可以漲回，這時買進的台灣50就至少獲利五成以上。

2. 避開頭部，有錢就買。只要現在不是明顯的頭部，例如持續大量不漲、融資爆增，那就可以進場買進台灣50，不用管短線價格漲跌，等到累積的張數夠多，光是每年等配息就吃不完了。

3. 當然，高出低進也是ok的，判斷底部和頭部訊號，自己選擇低點進場、高點出場，因為台灣50不是一家公司，所以絕對不會倒閉，大可放心逢低承接。只是必須要有判斷頭部、底部的能力。

再強調一次，請至少拿操作資金的五分之一來買台灣50，可以大幅增加獲利、降低風險。

市場上的錢賺不完，但是你口袋裡的錢賠得完。

17

操作期權重要參考
——主力的部位

　　期貨操作很重要的一招就是西瓜偎大邊，跟著主力走會安穩許多，大咖有小幅空單是正常的，因為要幫他們買的股票作反向避險，所以看到大量空單或是翻多單的時候，大家就要心理有個底，主力偏空方或偏多方，盡量少跟主力對作，就算一兩天賺錢，長久下來還是賠錢機率大。那要怎麼看到主力多空呢？

　　臺灣期貨交易所已參考世界主要國家交易所的做法，每日公佈各種期貨大額交易人進出場部位結構資訊，而其中台指期前五大及前十大交易人以及三大法人的未出場部位，更被視為市場主力在市場主要多空方向及趨勢。

　　因為台股期貨每月結算的交易特性，市場主要參與者

面臨了到期結算的壓力，股票可以長抱，但是期貨結算就要實現損益並結清當月部位（簡而言之，期貨最多套牢一個月），因此對握有大部位股票的大咖（當中包含主力、外資、有錢人）而言，如何讓其握有的期貨部位到期獲利出場至為重要，透過拉抬或是摜壓現貨來實現期貨獲利的兩面操作手法是國際避險基金的操作手法之一，也是造成到期日前波動特別劇烈的主要原因（所以就像我之前講過的：如果你和法人不同邊，就別參加結算了，以免被暗算）。基於以上的特性，五大、十大交易人和三大法人的部位方向對盤勢短線方向具有相當的參考性。

　　台指期十大交易人的留倉部位計算方式為台指期未沖銷部位排名前五名及前十名之未沖銷部位及百分比。一般分為特定法人和自然人（不是法人，只是作期貨的有錢人），特定法人是指包括證券商、外國機構投資人、證券投資信託基金、國家金融安定基金、公務人員退休撫卹基金、勞工退休基金、勞工保險基金、郵政儲金匯業局郵政資金、金融業及保險機構（我被問了超過兩百次特定法人是誰，請把前面這

邊抄起來，別再問我了）。未沖銷部位再區分多方及空方，分別計算，同時再區分近遠月合約。

不過這也不是100％，不然大家都看這個操作就好了，例如說：2006年四月分主力在6800左右多單就已經出場了，而行情卻漲到7500，後來的七百點是外資硬拉的；像2006年十二月特法還有九千口空單，但是卻沒有低檔結算；又例如說2011年12月外資留空單一萬多口，結果結算日開高走高大漲一百多點。所以這是很重要的參考條件之一，而不是全部，大家別忘了把這部分考慮進去。

這個資料到哪兒看？玩股網（http：//www. wantgoo. com）首頁在每天下午三點多就會自動更新了。

18
揭開內線交易的
神祕面紗

　　好幾個朋友在看了我的文章後忍不住問我：「真的有主力和內線股嗎？政府怎麼沒在抓？感覺很難以致信。」

　　我說：「當然是真的，至於為什麼政府沒在抓？因為一來最好不要做擋人財路的事情，以免身遭橫禍；二來很多時候不抓可以拿到的好處會更大，誰不是有老婆孩子要養，當然選擇悶聲大發財；三來政府沒在管的事情還少了嗎？又豈只這一件呢？呵！」

　　至於案例，我提一個就好，記得前幾年外商渣打銀行併購新竹商銀嗎？我一個朋友他在消息傳出來前半個月就知道了，有人跟他講新竹商銀會有好消息，建議他買進，可是我朋友平常只有做期貨，股票帳戶裡面根本沒放錢，他就嫌麻

煩沒有買，過兩天根本忘了這件事。

到了消息出來前兩天，那人又打電話來問他有沒有買，消息快出了。

「沒有，我嫌麻煩」他懶懶地說。

「有錢賺還嫌麻煩？你趕快買，大利多馬上就會見報，不管怎麼樣也要買一點。」內線那邊感覺很無奈，怎麼會有這種朋友？

「好啦，既然你都這樣講了，我就給你個面子，買個五十張意思一下好了。」他還是有點心不甘情不願。

「有種你一張都不要買，到時候就不要哭給我看。」內線有點火。

結果我朋友買了五十張，過兩天併購案一曝光就每天漲停，兩週賺了四成左右出場，他到現在還在懊惱沒買多一點。

內線股有幾種操作，一種是幾個主力說好要拉哪一支，然後我先買一些，你再買一些，互相拉抬，買一陣子就把消息傳給投顧老師，或是投信基金，讓他們也來分一杯羹，等到都進場第一批主力已經準備撤出，這時候電視上（就是盤中解盤那幾台）的分析師就會推薦給觀眾，就在那幾天可能報紙或電視會有這家公司的利多消息，於是第二批主力也就順勢出場，等到股票都丟給散戶朋友應該主力已經賺三四倍以上，如果還有一些沒賣完的股票就不計價的砍出，反正隨便賣隨便賺，只苦到那些愛聽分析師建議的散戶朋友。

　　一種是政府有重大建設，會足以影響某些股票走勢，因為牽扯進來的決策人員很多，雖然會有利益迴避，但是天下無不透風的牆，難免會傳到第三隻耳朵，然後就會傳到某些消息靈通或是和高層關係良好的人那裡，當然就先卡好位，等人抬轎。

　　還有一種是商人為了某些原因不得不和政府高層進行利益輸送，這部分有點敏感，我就不多提。

最後一種是幾家公司有利益互相影響，例如前述的併購案，或是像以前的聯電五合一，都是提前卡位可以賺五成到一倍以上，尤其是聯電五合一，我看到報紙才去買竟然都賺近兩成，也就不難想像之前就卡好位的話可以吃多飽。

其中最常遇到的就是主力互相拉抬那種內線，哪一天你有機會聽到這種消息，記得先看看那支股票每日成交量大概是多少，不要一次就五十、一百張梭哈去買，你要想想主力的心態，他辛辛苦苦選股佈局，可能一次要半年一年，要是看到有人想來分，一定不爽，可能會大甩轎加大洗盤，所以要買要三五張慢慢買，別讓主力發現，也不要大嘴巴到處講，自己賺就好，才能獲得最大利益。

這篇把一般內線和主力的情況和大家解釋一下，這是一門大學問，沒辦法三言兩語講清楚，而且有些東西是見不得光的。

以上純屬虛構，如有雷同，100％是巧合，大家當故事聽聽就好。

19

進出次數
與獲利％數成反比

　　很多人都知道當沖不好，可是每次只要能夠看盤就忍不住進出，因為盤中的漲跌會讓人不由自主地想自作聰明去操作，手續費加上交易稅也才千分之六左右，總是覺得應該沒差別吧！

　　讓我算給你聽，如果每天進出一次，一年算220天交易日，通常會想買賣都是急拉或急殺的時候，所以很容易滑價加上追高殺低吃虧，每次算折損千分之五左右（別不承認，想想哪次是買了就一路噴，賣了就一路跌，次數很少吧），一年下來平白無故多虧了2.42％，比定存還高。甚至很多人喜歡一天進出兩次以上，一年就多虧掉5％，重點是這並沒有包含本來的虧損，所以投資人常常會感覺自己好像每次也

沒賠多少，怎麼帳戶總是慢慢變薄，這就是隱形殺手。

操作期貨的人就更愛短線進出了，一般二三十萬資金的投資人大概來回要五點到六點，如果一年就要1120點到1320點左右，也就是一口會賠掉22萬到26萬，捫心自問，你有哪次是一年賺到1000點以上的呢？應該很少吧！最妙的是很多人一天不只進出一次，那他一年就要付出2000點以上的成本，而且我還沒計算滑價損失。難怪作期貨賺錢的投資人比作股票的更少。

這有點像是打一場先天劣勢的戰爭，越多次交易代表你的鎧甲就越薄，長矛就越鈍，要打贏戰爭越難，這跟戰術、戰略無關，在巨大的裝備劣勢之下，戰術再好也無濟於事，就像讓義和團去打八國聯軍一樣。操作不停地付出成本，感覺就像是在打仗的時候，有個奸細潛伏在我方，不停的暗算、扯後腿。

所以這篇我們先不討論如何才能贏，而是先想辦法把我們的立足點提高，把劣勢縮小，奸細先宰掉，先安內而後壤

外，避免戰爭還沒開始就先輸一半，這樣操作下，成為常勝軍便指日可待。

　　最後送大家一句股神巴老先生的名言：「我操作股票只有兩個原則：1. 不要賠錢；2. 重複第一個原則。」如果咱們沒辦法控制不要賠錢，那起碼不要在無謂的事情上面賠錢，壓低操作次數就是最有效且最重要的動作。

買股票不應該強求買在最低點，要買在相對安全的點。

20

資金控管
比什麼都重要

　　其實我本來沒打算講資金控管，因為我想這個主題很多人都講過，我就不去淌這混水，結果沒想到很多很多朋友都有類似的問題，與其一個一個回答，不如我乾脆寫出來好了。

　　先講為什麼資金控管很重要，因為你我都不是神，根據股市測不準定理，明後天的股價要怎麼走是很難判斷的，所以只要進場就有可能賠錢，而資金控管的目的就在於給自己捲土重來的機會，也就是保留「參賽權」。還記得前面有提過的319陳姓女士兩天慘賠上億傳說嗎？這就是沒有做好資金控管，只要行情沒照預期走，很容易就掛點。或者是像以前的兩國論、921大地震、片面停建核四、唐飛下台、319

槍擊案、911恐怖攻擊……之類的利空，也都是開盤就跳跌停，根本逃不掉。

基本原則是「風險越高的投資商品要下越少」，從風險由低到高依序為定存→REITs→連動債→共同基金（這還可以細分債券型、股票型或是全球型和單一國家）→原物料→股票（定存股→ETF→成長股和景氣循環股→小型主力股）→期貨→選擇權。共同基金在低檔的時候可以押大到八成資金，不過期貨或是選擇權最多也只能做五成，凡事都要做好最壞的打算，如果你敢留倉過夜，那就要想好如果今天晚上發生重大利空而導致明天像319那樣連續兩天跌停，你能不能受得了，會不會一次畢業。我個人習慣大概是拿期貨帳戶裡面的兩成到三成資金來做，這樣就算連續跌停也不會斷頭。

除了怕開盤直接跳空以外，資金控管第二個目的在於防止融資做股票套住卻沒錢補被斷頭，或是期貨、選擇權被兩面巴，也就是連續做錯賠錢，例如說一次賠個五十點，連賠五次就腰斬了，而期貨連續做錯是很有可能發生的，每個期

貨投資人都一定碰過。

第三個目的在於減低壓力，金融操作只要不是用平常心操作就一定會常常做出賣在地板和買在天花板的蠢事，只要全梭下去，期貨賠個一百點就兩成不見，股票也是跌兩支停板就14％消失，該停損會捨不得停損，越捨不得停損就越容易一次畢業，而減低持股比例自然減低壓力，這很直觀，我就不贅言。

所以「資金控管」的重要性不言而喻，大概和停損、順勢操作的等級差不多，這是每個投資人都應該在進場之前就先規劃好的動作。雖然會比全押賺得少，但是還記得我之前有說過「金融投資不是在比順山順水的時候誰賺比較多，而是在比不順的時候誰虧比較少。」這才是投資的正確態度。

21
比ETF和基金更好的投資方法

我們之前介紹過ETF的好處，現在來介紹一種更有彈性而且績效可能會更好的股票定期定額操作方法：買零股。

例如說每個月可以省吃儉用存下兩萬塊來投資（一萬當然也行），我建議就別買基金了，把兩萬塊分成五等分，分別去買進你想要買的股票，例如說60％買中等風險報酬的權值股，例如四千買台積電、四千買鴻海、四千買聯發科；40％買低風險報酬的股票，像四千買中鋼、四千買中華電或是台塑三寶之類的。當然這部分可以自己選擇，比例也可以自己調配。

好處很多！

一來不必每年付基金公司保管費，雖然人家幫你操作，拿點工錢本來就是應該的，但是賠錢的時候還要付手續費就會感覺很差，不用繳高額經理費、保管費和手續費就等於是多賺的，省一點是一點。

二來彈性很大，可以自己調配成科技類或是傳產類，或是綜合，甚至可以弄出「類定存基金」，想怎麼玩都可以。

三來一兩個月買一次就好，一樣不用看盤，並不會妨礙到上班、上課，每次收盤掛單，不必去想點位好不好，這也會有效避免掉「追高殺低卻賠錢，徒生華髮沒回報」的窘境。

這就是懶人投資法，而且只是要堅持長期投資，然後避開頭部，每年至少10％～15％的投資報酬率一定輕鬆達成。

投資獲利很難嗎？方法和態度對了就一點不難。

不過要提醒大家一點，買零股的手續費是比正常買一張兩張股票要高，所以也不需要分太細，差不多意思到就ok了。

22

逝者已矣，
來者可追

　　雖然說「前事不忘，後事之師」，但是勸大家只要記住上次虧損是做了哪些錯事就好，至於虧了多少錢，或是因此得延後一年買新車這種事就把它忘了吧。

　　請務必記住：你關注的事情會放大。

　　常常聽到朋友說他上次賠了多少錢，或是一路抱上又抱下，如果當時能夠賣在高點，現在就可以早十年退休。當他一直把過去賠錢這件事放在心裡，當他每次在操作的時候都想起之前那次大虧損的不好經驗，因而亂做一通，那就等同於用拒馬橫在你和財神爺中間，不讓他再靠近你。

　　每一場交易就是一次戰爭，對於一個成功的統帥來說，

上次打輸的戰爭只要學到教訓、保有戰力，加上不貳過就夠了，沒有必要一直念念不忘，輸掉的錢就像嫁出去的女兒，都是別人家的，想起只是徒傷悲而已。

除此之外，還有一些很妙的人會永遠把自己大賺的那次經驗掛在嘴邊，「我那次三天賺了三百萬」、「我當時挑到飆股賺了兩倍」，通常只要這人和你講同一件得意事超過兩次，代表他後來應該都沒再賺過。

23

把投資和
日常開銷分開

　　常常看到有人在網路上講：「今年賠掉一台BMW」，或是「今天賠掉兩個月薪水」之類的談話。我建議大家把投資的錢歸投資，日常開銷歸日常開銷，不要把兩者混在一起。

　　為什麼呢？因為投資損益通常會大於日常花費，只要你不是每天早上要吃頂級燕窩當早餐的，就不太可能高過投資的金額。算給你聽，例如說我買一張宏達電，今天跌了二十塊，那就是兩萬，超過一般人半個月薪水；或者作五口台指期貨，今天只要漲或跌五十點，投資損益就五萬了。誰會每天花五萬？很少吧！

　　既然平常不太可能會有這麼大花費，很自然會在虧錢的

時候擔心受怕，賺錢的時候患得患失，沒辦法保持平常心去操作，也就很容易會做出不理智的舉動，還記得我之前有提到過，富人和窮人的差別就在於他們遇到逆境時是用理性腦袋還是用感性腦袋在處理。

當你帳面上是虧損的時候，你是把它當作點數或一個死物，完全冷靜理性去看待，還是把它換算成房貸、薪水、所得稅，甚至小朋友補習費？

當你帳面上獲利的時候，是把它當成還沒入袋都不算數的紙上富貴，還是大餐、汽車、房子的頭期款？

一天虧掉兩個月薪水誰都會揪心肝，可是一天虧掉2％的投資感覺就沒這麼痛，建議大家把投資和日常花費分開就是希望能夠盡量避免感性控制理性，以致於做出一些以後會後悔的操作，例如賣或空在最低，追買在最高。

除了虧損要理性以外，大家通常沒想過獲利的時候其實更要理性看待，千萬不要賺了一些就想著照這樣下去沒多久就可以買一台BMW或是準備退休享福。永遠記得在你還沒

出場之前都是紙上富貴，講更實在一點，在你還沒退出市場之前，賺的錢都只是市場借放在你這裡的。

這印證了德國老先生科斯托藍尼說過的話：「獲利不過是一種錯覺，唯有虧損才是真實的。」

要扭轉空頭走勢，只有一根長紅是沒用的，需要連續攻擊才行。

24

各類型投資的
出場技巧

　　朋友與讀者看了我的文章後有時會問我：「共同基金需要停損嗎？」、「ETF該怎麼停損？」、「定期定額要怎麼出場？」……之類的問題，我總是很慚愧地說：「你的基金是哪一種的，投資標的為何？這沒有一定耶！」，不然就是：「你想要投資ETF還是想要賺差價？這兩種情況因應的出場方式都不同。」……。

　　於是朋友就會分成兩類，一類是耐心聽我囉唆，終於搞清楚該怎麼處理；另一類會嫌我囉唆，要我直接幫他下結論最好。我想了想，決定幫大家整理一篇，這樣大夥方便許多，我也可以省很多事。

問題1. 共同基金需要停損嗎？

答：要看你是做哪一種共同基金，我概略分成兩種，一種是全球股票型，或是區域股票型（像美洲、亞洲、歐洲這種），這種因為投資的種類夠多，基金走穩定路線（當然還是要挑選過），就算跌也不會跌太深，我說可以不需要停損，逢低買反而更好，不過當然投資時間不能太短，以長期投資來看越跌越買是對的。其中全球型又比區域型要更好，因為除非像2000年那種全球股災，不然亞洲、歐洲、美洲一起爛的機會不高。如果大家想要深究為什麼？我大概提一下，主因是熱錢，這是一股很大的力量，它會在全世界找投資或投機標的，所以今天亞洲看起來過熱的話，它自然會降低在亞洲的投資比率，可能提昇美洲的比率，因此正常來說總會有相對比較好的投資區域。投資區域型的基金也ok，只是可能下跌後要等其回漲得等久一點。

第二種就是單一國家或是小區域，甚至單一國家中的特定類股，這部分就需要搭配停損，因為這些標的籃子裡的雞蛋比較少，所以某幾顆雞蛋壞掉的話，很容易就把整籃雞蛋

都搞爛，例如像日本，之前經歷十年大空頭，或者像台灣，如果是在萬點買進的，可能就套牢三五年，更不用提單純買單一國家的特定族群，那風險更是大很多，腰斬再腰斬也是很有可能的，基金就是要安穩，如果要拼高風險高利潤那不如直接操作台股會更方便。

問題2. ETF要不要停損？

答：這問題要看你做ETF是抱著投資的心態還是想要賺差價，如果是投資，一來強迫儲蓄，二來領配息，那就不需要停損，只要避開明顯頭部訊號即可（如何判別頭部訊號在SOP第一本有詳細教過大家），每年也不要想著可以賺三成、五成，就是每年10％的投資報酬率，甚至可以自己在台股六千點以下買多一點，六千點以上買少一點，追求相對較大的報酬率。

如果是想要賺差價，也就是看好台灣和全球會走多頭又懶得選股，所以選擇買ETF最方便，那就必須要搭配停損，不管如何看好，跌了15～20％一定要出場，如果只是大多頭

的中途修正就等突破前波高點再重新進場即可。可是如果沒有停損，八千跌到五千就很慘了，而且通常越不停損的，越有可能在最後末跌段受不了而砍在最低點附近，重複買高賣低的動作，財富會越來越遠。

問題3. 定期定額要怎麼出場？

答：定期定額如果是想之前提到的ETF或是全球型股票基金，那就等你一定要用錢的時候出場即可，不需要刻意等高點，也不需要碰到急殺就被嚇出場。因為這種較為穩定，加上長期投資的商品，投資的成本會慢慢降低，除了一些特殊狀況（例如大空頭的末跌段），賣在哪裡其實不會差別太大。

而其他較高風險的標的，基本上我根本不建議使用定期定額來操作，所以就不討論。

25

退休金
該怎麼投資？

　　這個問題我常常被問到，退休族通常會把安穩和領現金排優先，投資報酬率勝過定存就好，在這個大前提之下，一般來說我比較推薦有兩種方式，六千點以下乖乖買進台積電或是台灣50，等到漲到七千點以上再出場，中間不用設停損，每天買一兩張，再跌再買，越跌越買即可。

　　因為台灣50不會讓你因為選錯股而賺了指數，賠了差價，加上台灣50每年有配息，可以領現金，而且台灣50的波動也不會太大，起碼很難見到跌停板，每日的量也不會太小，所以買台灣50很適合退休族。

　　第二種方式就是投資喜歡配現金的冷門股，買這種股票好處多多，一來它們不太管大盤怎麼走，永遠都是自己走

自己的，所以大盤漲跌對它們影響不大；二來因為成交量少，所以本益比都滿低的，不會有人想去炒，因為炒高了也賣不掉，自然總是有便宜可以撿；三來這種公司都是穩穩地賺錢，所以幾乎每年都配現金，也就是可以靠每年所配的現金當作生活費；四來可以節稅。一年大概6％左右的配息獲利，股價漲跌不需要去管。我不舉例，只提示某些代碼9開頭的符合條件。

知道買哪些以後我再教你怎麼買，買這種股票千萬不可以追高殺低，你就看日線圖最近的低點在哪兒附近，就掛那附近接就好，要是還嫌麻煩就只要記住買黑不買紅即可，慢慢一張兩張的買，買了以後就別動了，每年等配息就好。

以上這兩種是比較適合退休族的投資方法，你周圍要是也有退休族，別忘了把這篇的方法教他。

26
投資股票的
20條小提醒

❶ 年底至年初買景氣循環股賺錢機率高。

❷ 每年十～十一月低點做多,隔年賺錢機率高。

❸ 大盤月平均值在5000點以下,買股票賺錢機率高。

❹ 有些集團喜歡在年底拉抬集團股作帳,買進賺錢機率高。

❺ 通路股年底營收都不錯,做多賺錢機率高。

❻ 漲了八個月做空賺錢機率高。

❼ 一檔個股成交張數超過25萬張做空賺錢機率高。

⑧ 距季線乖離超過40％不要買進。

⑨ 同類股中最爛個股成交金額大於最佳個股時，做空賺錢機率高。

⑩ 外資淨匯入超過5億美元，隔月凶多吉少。

⑪ 5日和20日均量黃金交叉，多頭加分。

⑫ 政府護盤一定是低點附近，但是往往先反彈後破底，屬於短多中空長多格局。

⑬ 股價低於10元一定有它被賤賣的理由。

⑭ 常常發佈新聞的公司少碰。

⑮ 週轉率超過一成，凶多吉少。

⑯ 外資當年度單月賣超最多，恰處於半年線以下，凶多吉少。

⑰ 政治人物喊漲，時常是股市高點近了；學者喊漲，

　　鐵定是股市高點近了。

⑱　每年尾牙到封關上漲機率高。

⑲　節氣不會影響股市漲跌,影響股市漲跌的是趨勢。

⑳　高點都是外資買出來的,低點都是外資殺出來的。

建議直接把這20條小提醒列印出來貼在電腦旁!

SOP

認真落實檢查你的SOP致富程序是否到位，
你所期待的財富就會自動到位！

☐ 搞清楚股票和期貨的基本知識。

☐ 每次操作是不是都有足夠的耐心？

☐ 每天是不是有花時間在研究股市？

☐ 是不是又想找賠錢的藉口？

☐ 根據你的個性適合順勢還是逆勢投資方法。

☐ 有沒有累犯股市新手會犯的錯誤？

☐ 是不是有部分資金投資台灣50？

☐ 投資股市的20條小提醒記住了嗎？

☐ 規劃利用零股投資法打造屬於你的共同基金。

SOP Check List

搶反彈的風險遠大於預期報酬，所有請別浪費你的青春在搶反彈上面。

Part 3

進場實戰操作SOP

盤前的準備：
從觀察國際股市的變化開始

在《楚狂人投資致富SOP》中有跟大家說過，我每天一大早一定會做的功課就是先看國際股市的狀況，原因是現今世界各大重要國家的經濟都會互相影響，而以電子業、外銷為主的台股跟美股之間的連動關係更是非常大，所以一早起來看美股收盤狀況是很重要的，這會影響到今天的台股走勢。

以前我都是到Google finance網站觀察，不過老實說並不是那麼方便和習慣，因為Google finance網站只有走勢圖，就是把每天的收盤價連起來，其實很簡陋＋不好用，有看K線圖習慣的投資人一定知道，每天的K線形態也是很重要的參考，同樣是上漲30點，是開盤大漲200點之後一路殺到只剩

漲30點，還是開盤大跌200點卻開低走高收盤翻紅漲30點，兩者差別非常大，但是我並不能從Google finance的收盤折線圖中看出來，所以我乾脆就讓我們工程師去開發適合國人看的國際股市頁面，直接用K線圖顯示歷史資料。

　　這是道瓊工業指數的歷史K線圖（http：//www. want-goo. com/stock/chart. aspx？stockno=DJI），圖中左上方可以自由選擇要看的股票區間有多久，從一個月、三個月、半年、一年，甚至可以看到十年前的走勢。

　　除了K線以外，還可以看到多條重要均線直接畫好在上面，這些均線可以讓我一眼就能看出現在股市的位階在哪裡。

　　大家如果看過我的書或文章一定知道我都是用60日均線（季線）來當作股市的多空分割線，股票或大盤收盤價在60日均線之上而且60日均線向上揚升代表股市正在走多頭波段，收盤價在60日均線之下而且60日均線向下走跌代表股市正在走空頭波段，再加上20日均線（月線）可以幫我們判斷出現在股市的短期趨勢是多頭續漲還是多頭修正，或是空頭續跌還是空頭反彈，非常方便。

　　除了美股以外，韓國股市對於台股的連動性也很高，而且因為韓國股市比台股要早一個小時開盤，所以在

台股開盤前最好先看一下韓股的走勢，這樣心裡會大概知道今天台股會怎麼開，操作起來比較不會手忙腳亂，韓國股市網頁（http：//www. wantgoo. com/stock/index. aspx?StockNo=KOR），至於對台股影響越來越大的大陸股市反而不用時時刻刻觀察，因為一來陸股開盤比台股晚，二來等陸股下午收盤時台股早已收盤，接著晚上又會輪到美股交易，到早上韓股交易，所以台股隔天會受到晚上的美股和早上的韓股影響，但是不太會受到時效性比較差的陸股影響。

　　那是不是大陸股市就完全不會影響台股了呢？

　　大陸股市對台股的影響主要在中概股，大陸所得增加，經濟成長率增加或減少都會影響到中概股的營收和利潤，中國概念股包含哪些股票請到這頁看（http：//www. wantgoo. com/stock/classcont. aspx?id=116），至於會不會對台股大盤有影響？看看下圖這幾年台股和陸股比較圖就知道了。

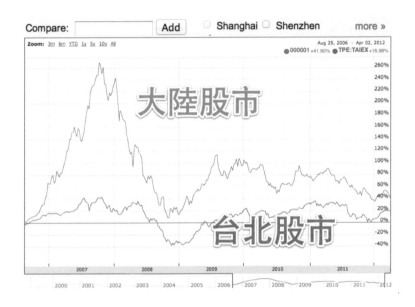

　　如果你早上沒有時間在電腦前面研究國際股市，又剛好有iPhone或Android智慧型手機的話，建議安裝免費的「即時國際股市」App，請在App　Store或Google　Play商店直接搜尋Wantgoo就可以找到！

　　即時國際股市App包含「道瓊工業指數」、「納斯達克」、「S＆P500」、「費城半導體」、「日本」、「韓國股市」，甚至還有即時的「摩台指」、「台指期貨」報價和走勢圖。

報價分成美洲、歐洲、亞洲股市、期貨指數、國際匯率、石油天然氣、農產品等七大類。

　　和當地指數同步跳動沒有延遲！
　　截幾張圖給大家看

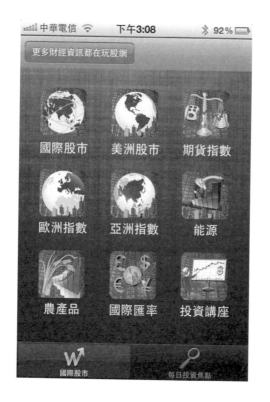

進場的資金應該要跟指數相反，點位越高買越少，點位越低買越多。

摩台指	281.4	▼0.20(-0.07%)
台指期	7866.0	▼20.0(-0.25%)
小型台指	7864.0	▼22.0(-0.28%)
電子期	300.4	▼1.0(-0.32%)
金融期	816.0	▼2.0(-0.24%)
加權指數	7862.9	▼70.1(-0.88%)
道瓊期貨	13169.0	▲27.0(+0.21%)
NASDAQ期貨	2760.0	▲9.3(+0.34%)
S&P期貨	1406.8	▲3.5(+0.25%)
日圓	12059.0	▼19.0(-0.16%)
紐元	0.8157	0(0.00%)
瑞法郎	11090.0	▲4.0(+0.04%)
黃金期	1669.3	▼1.2(-0.07%)
櫃買期	112.7	▼0.50(-0.44%)
黃金NT	5967.0	▲21.0(+0.35%)
非金電	10738.0	▼87.0(-0.80%)
澳幣	10321.0	▲52.0(+0.51%)
英鎊	16016.0	▲28.0(+0.18%)

加權指數	7862.9	▼70.1(-0.88%)
韓國漢城	2029.3	▲15.3(+0.76%)
上海綜合	2262.8	▲10.6(+0.47%)
日經指數	10109.9	▲26.3(+0.26%)
恆生指數	20504.9	▼50.7(-0.25%)
A50指數	7787.9	▲73.3(+0.95%)
上海A股	2370.1	▲11.2(+0.47%)
上海B股	230.3	▲0.6(+0.28%)
香港國企	10641.2	▲1.0(+0.01%)
倫敦台指50	5450.7	▼52.9(-0.96%)
店頭指數	112.6	▼1.0(-0.90%)
摩根台指	281.1	▼2.6(-0.92%)
紅籌指數	3961.3	▼25.4(-0.64%)
滬深300	2454.9	▲11.8(+0.48%)
上證50指數	1705.6	▲17.5(+1.04%)
海峽時報	3018.0	▲7.6(+0.25%)
深圳A股	932.2	▼3.5(-0.38%)
深圳B股	640.1	▲6.7(+1.06%)

看完國際股市以後，請務必想想和昨天市場預期的走勢有沒有符合，例如昨天市場預期晚上美股會大漲，台股盤中就已經先漲一段，結果晚上美國發佈經濟數據時竟然出乎意料的差，美股開高走低收最低，到了今天台股鐵定凶多吉少，除了要反應美股大跌的利空，還得把昨天偷漲的部分吐回去，跌幅加倍。

　　如果美股真的照原本預期的收漲，那是不是台股其實已經預先反應利多，到真正台股開盤時會不會反而是利多出盡，開高走低？

　　台股和美股之間的連動關係有很多種，這部分要多練習觀察才能操作起來更得心應手。

任何分析都有其盲點，不要迷信。

02

盤中實戰：
一點以後是決勝期

　　在《楚狂人投資致富SOP》和《主力作手不願告訴你的操作祕訣》兩本書都有跟大家講過，在正常狀況下我一定是選擇尾盤買進和賣出，也就是下午一點以後才會動作，選在尾盤買進的原因是我幾乎不看盤，我平常工作很忙，沒有時間每天當沖殺進殺出，況且我做股票十幾年來從沒有聽過有哪位神人是靠當沖賺小錢致富的，靠投資（投機）致富的都是波段持股，一次賺進幾十％到幾百％獲利。

　　再加上很多個股當天的走勢會騙人，在開盤沒多久就出現連續幾盤高點過高、低點不破低（就是開盤八法講的三點高盤），理論上三點高盤會開高走高，但是實際操作又時常會出現例外殺尾盤，因為很多投資人都知道開盤八法，所以

看到三點高盤就迫不及待地搶進，結果時常都是買到的瞬間就是當天高點，買完往下掉，甚至出現從接近漲停殺到平盤下的大震盪，到了尾盤再漲回平盤上，如果不是有錢又有時間盯盤的高手級投機客，盤中被掃一下就失血過多，還不如施施然等下午一點後再進場。

下午一點已經接近收盤，這時要洗盤的也洗過了，要假突破的也拉回了，進場買進比較不會發生現買現套的慘劇，買進股票之前記得要再確認一次這檔股票的走勢有沒有符合預期，如果沒有符合原先規劃的話，操作方法也要跟著做修正，例如說：昨天預期台積電（2330）今天應該要守在前波大量區形成的支撐之上，但不能碰到支撐才可以買進（實戰技巧：真正有效的支撐應該不會被測試，被測試的支撐就很有可能被跌破！），沒想到竟然在盤中就跌破支撐區，這時就不能照原定計劃進場，因為台積電比原先的規劃要弱，後面的波段漲幅當然很可能會不如預期，也就失去了買進的動機和目的。

又例如說昨天聽到鴻海（2317）傳出獲利預警，原先預

期會順勢修正，規劃趁修正下來買進部分，等確認沒有續跌再加碼，結果竟然出乎意料地利空不跌，反而開高走高，這時就要馬上修正做法，除了基本單以外，直接加碼買進，因為看到公司發佈獲利預警，一定很多投資人和投資機構想要賣股，但是卻不跌反漲，代表有一股更大的力量（資金）在買進，而這股力量很可能知道一些不為人知的祕密，好比說已經接到蘋果公司（NASDAQ：AAPL）新產品大訂單，好比說即將併購另外一競爭對手形成壟斷市場等大利多，我們要跟著那股更大的力量進場，而不是跟著市場散戶一起賣出。

在確認打算買進的股票走勢有符合預期就可以大膽買進，這時請不要受盤勢影響太過樂觀或太過膽小，原先規劃買多少就是照計劃買，有些人昨天想好要在今天尾盤買進10張或三成資金，等開盤看到今天大盤表現很好，外資法人＋投顧老師紛紛喊多，就臨時改變主意買了30張，押上九成資金，結果過兩天一個小修正就因為押太大承受不住虧損的壓力被迫賣在低點；或者說昨天想好今天就是要趁著盤勢修正

的時候找個好點位逢低買進，等到股票真的跌了3％又怕東怕西不敢進場，會不會明天再續跌？會不會整個多頭要翻空頭？會不會現買現套？結果隔天直接跳空開高走高開始波段大漲。這些都是大多數投資人一直不停重覆在犯的錯誤，請務必要注意。

時常有學員問我說：「如果遇到股票一開盤就往上衝，沒多久就拉到漲停鎖死，等到尾盤才進場根本就買不到該怎麼辦？」

我說：「買不到還能怎麼辦？就看開點吧！台股有一兩千支股票可以買，既然這支已經鎖死買不到就選沒有鎖死的買啊！沒人規定要買到這支股票才能賺錢，買不到就一定賠錢吧，而且投資股票並不是看一天兩天，我的經驗是開盤就漲停鎖死的時常是怎麼上去就怎麼下來，波段漲幅還不如沿著10日線慢慢漲的股票。」

投資是一輩子的事情，並沒有哪次的行情會重要到不賺會死，這是操作股票時常會遇到的人性弱點，請記住：只

任何分析都有其盲點，不要迷信。

有在勝率大於75％的時候才進場，長期累計下來其實賺得更多。

至於在尾盤才出場的原因和進場差不多，因為台股時常會出現假跌破真洗盤的走勢，所以我停損和停利都是看收盤價，等收盤真的跌破停損點位才確認要出場，不然遇到開高盤→盤中殺低洗盤→尾盤再拉高的震盪就會和大多數散戶一樣被迫賣在盤中最低點，剛賣掉就往上拉升，我以前剛開始操作股票時就常常被這招洗在低點，每次到了尾盤就揪心肝，流出懊悔的眼淚，後來才慢慢發現主力法人很愛用這招來洗盤，盤中急殺把散戶都嚇得賣光光，尾盤開始波段上漲。

我在《楚狂人投資致富SOP》那本書還有寫更多尾盤出場的操作技巧，沒看過的務必要去翻一下。重要！

03

盤後該做的功課：
利用技術分析趨吉避凶

平常用的幾個初階技巧都已經在SOP和主力作手兩本書教過大家，進階技巧只會在我的投資課程教，所以這本書我想教大家兩個稍微進階一點點，但是你一定要會的盤勢分析規劃技巧。

1. 均線扣抵，你一定要學會的技巧

均線扣抵在技術分析是常常會用到的、很重要的一個判斷方法，可是因為很多人看到專有名詞就頭昏，所以一直沒法搞清楚均線扣抵是什麼東西，以及這要怎麼用，我試著用最簡單的方法跟大家解釋一下。

先找動機，學了這個技巧有什麼好處？

均線＝投資人的持股成本

這個重要的觀念你必須要知道，因為均線＝投資人的持股成本，所以均線會形成支撐、壓力，可以根據均線找出買點和賣點，但並不是所有在上面的均線都是壓力，在下方的都是支撐，需要考慮到它是上揚的還是下跌的。

當股價往上漲的時候不是所有杵在上頭的均線都是壓力，只有下降的均線才會造成壓力，平緩和往上走的均線並不是壓力，不要單看到上面有線就說是層層壓力，上升均線與下降均線的壓力比起來可說是「馬先生遇上了馮先生，差了不只一點」。

原因是下降均線代表大家持股成本都不斷降低，講更清楚一點就是「有買有套、沒有漏掉」，均線角度越陡峭就是這隻股票套越深、越快，這陣子買的全部賠錢，所以一遇到股票漲回進場點位很自然會有趕快賣掉剛剛解套的股票的衝動，也就自然形成解套賣壓，下降壓力其實也就是解套賣壓。

反之上升均線代表投資人持股成本在增加，那意思就是股票在漲，而且漲好一陣子了，即使之前買進有套牢也是越套越少，整體趨勢是向上走的，換句話說買這隻股票的人都可以看到遠方有無限美好的未來，而且貌似越來越好，自然不急著解套出場，所以並不具有大壓力。

壓力方面是這樣用的，至於支撐請自己舉一反二。

一般說來我個人最常參考的有5日、10日、月線和季線，方向趨勢以季線為主，不管股價怎麼短期怎麼走，季線往上走且股價在季線之上就是偏多思考，季線往下且股價在其之下就偏空；短期方向強弱度以5日線判斷，舉例：多頭走勢三天漲300點，第四天開高50點尾盤竟然變成跌100點，如果單從盤中江波圖去看一定就翻空了，但是我會看說如果連5日線都沒跌破就當作是洗盤小小修正，繼續偏多；反之空頭要是跌一陣子之後，急彈200點卻連5日線都沒站穩，那還是不會貿然翻多。

重點就在均線是上揚還是下跌的會影響很大，這就是為

搶反彈就像搶銀行，搶到要跑，沒搶到也要跑。

什麼我們需要學會均線扣抵在幹嘛的動機，因為均線扣抵可
以判斷接下來均線會往上還是往下走。

怎麼判斷？

均線是什麼意思？均線就是多根K棒的平均價格所連成
的線，5日均線在今天的價格是怎麼算出來的？就是把從今
天開始往前推5天的收盤價的總和去除以5，假設這五天的價
格分別是11、12、13、14、15（為教學方便，這裡不考慮漲
跌幅7％限制），那5日均線今天的價格就是

（11＋12＋13＋14＋15）/5＝13。

5日線明天的價格就是明天往前推5天的收盤價的總和除
以5，假設明天的價格是16，明天的5日均線價格就是

（12＋13＋14＋15＋16）/5＝14。

你有沒有發現一件事，今天和明天均線值兩者只差在前
者是11，後者是16，但是12、13、14、15是不變的。

也就是說明天的5日均線的價格14之所以會比今天的13要高，是因為16取代了11。

　　換句話說，如果明天的價位不是16，而是10的話，明天的5日均線的價位

　　（12＋13＋14＋15＋10）/5＝12.8會比今天的5日均線的價位13要低。

　　判斷方法是我要知道接下來5日均線會怎麼走就直接把今天的價位跟5天前的價位比較，如果今天的價格比較高，5日均線就是上揚的，反之就是下跌的。

　　以此類推，20日均線就是拿今天的價位跟20日以前比較，60日就是跟60日前比較。

　　扣抵就是這個意思。

　　所以現在你也能判斷均線是不是還會繼續上揚，或是會走平，或是持續下跌，也就不會在還是明顯空頭走勢中亂搶反彈，在明顯多頭走勢中亂賣股票。

這支股票上有壓力、下有支撐，到底該怎麼操作呢？換別支只有支撐沒有壓力的做。

2. 騰落指標，讓你嗅出市場多空氣氛的神奇指標

我在《主力作手不願告訴你的操作祕訣》中有教過大家這個指標，當時我用這個指標老是覺得不是那麼好用，後來慢慢觀察修正才知道騰落指標是寶物啊，用來觀察市場氣氛最好用不過了。

什麼叫做騰落指標？

台股大盤指數因為經過加權處理，其實只要幾支大型權值股就可以影響指數，單看指數時常會看不出實際上股市多空，佔權值最重的台積電佔了8.14%的指數，這是什麼意思？這代表在大盤8000點情況下，只要台積漲停就貢獻了8000*8％*7％＝45.58點，如果再加上鴻海的6.14%，單單這兩支股票就可以影響台股超過80點。換句話說，如果幾支權值股是漲的，即使大多數股票下跌，加權指數還是會上漲，「賺了指數，賠了差價」是很多投資人心中的痛。

觀察騰落指標就可以解決這種問題，騰落指標就是每天

上市股票的淨上漲家數（把每日上漲家數扣掉下跌家數），當每日淨上漲家數持續減少，無論大盤指數是漲是跌，代表這段時間下跌的股票家數增加、上漲的股票家數減少；反過來看，當淨上漲家數持續增加，代表這段時間上漲家數增加＋下跌家數減少。

怎麼觀察呢？

隨意找一天當基準日，把當天的淨上漲家數算出來，以2010/2/22為例，當日上漲家數為1534，下跌家數為1410，淨上漲家數為124家，如果隔天淨上漲家數為50家，累計上漲家數＝124＋50＝174，第三天淨上漲家數為－30家，累計上漲家數＝174－30＝144。只要把累計淨上漲家數畫成圖表就可以輕鬆看出趨勢。

後來我持續觀察這項指標是不是真的能預測趨勢，下圖是這項指標半年多的走勢，你可以在玩股網的俏祕書選股功能裡面找到（注），下方同步對照大盤日K線的漲跌。

這支股票上有壓力、下有支撐，到底該怎麼操作呢？換別支只有支撐沒有壓力的做。

　　我們發現這項指標可以觀察到一個現象，就是當騰落線往下的時候，不管大盤上漲還是下跌，每天上漲的個別股票家數是越來越少的，也就是說越來越少投資人能夠在市場上賺到錢，因為淨上漲股票數在大部分時間都是減少的，也就是說要選到上漲的股票會越來越難的。

這要怎麼用？

看下圖，這是2011年4月到8月的騰落線對照大盤K線圖。

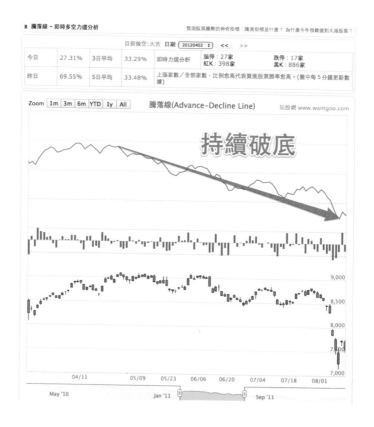

這支股票上有壓力、下有支撐，到底該怎麼操作呢？換別支只有支撐沒有壓力的做。

　　我們可以看到整個4月到6月初大盤都在9000點左右盤整，當時很多分析師都喊說這次整理成功就會直接上萬點，但是我在5月11日和5月18日連續寫了兩篇盤勢看法跟大家說要小心接下來可能出現的大跌，當時標題是：三年一次財富「被」重分配的行情（請務必小心）。

　　後來6月中跌了500點，到了8月開始爆跌2000多點。

　　為什麼我敢提早一個月就喊出接下來會大跌？

　　其中一個關鍵就是騰落指標，4月到6月初的大盤指數都在9000點左右，指數沒有動，但是你注意看騰落線卻是一直在往下跌，代表幾乎每天上漲的股票家數都要小於下跌家數，如果當時是個上漲中繼站，盤整之後會續漲突破萬點的話，應該是權值股沒什麼動，但是很多業績好的、籌碼集中的股票會率先突破盤整區間高點往上衝才對。絕對不會是只有權值股撐住，大多數股票卻下跌？這完全不像是健康的、強勢的多頭攻擊走勢。

該強卻不強就是有問題，權值股撐住，中小型股票卻破底就是多頭出現崩裂的凶兆，所以當時我就預先提醒大家接下來會有大跌，請務必要小心自己的財富「被」重分配。

後來又遇到幾次在大盤盤整的時候，騰落線就領先突破高點或跌破低點，後來竟然真的大盤也是往騰落線前進的方向走，還有更進階的用法，有時候大盤還在持續破底，但是竟然騰落線已經止跌，這時就要心裡有數，是不是底部已經接近了，是不是賣壓已經減輕，隨時準備要止跌翻揚。

騰落指標很好用，請務必多看多練習這個預測行情的神奇指標。

注：觀察騰落線的網址http：//www.wantgoo.com/stock/line.aspx

楚格言

這支股票上有壓力、下有支撐，到底該怎麼操作呢？換別支只有支撐沒有壓力的做。

04
睡前該做的功課：
盤勢規劃實例

晚上八點，歐洲股市已經開盤幾個小時，美股也準備要開盤，盤前公佈的經濟數據也都公佈了，只要不發生什麼天災人禍，今天晚上美股的走勢大概不會差到哪裡去，這時我都會做一件很重要的事情，規劃近期的台股盤勢。

為什麼要預先規劃未來盤勢？

因為事先把明天可能會走的情況先廟算過才能對應做出利益最大化的動作，例如我根據多種的股市多空條件綜合分析之後，判斷出來接下來的走勢是多頭佔優勢，那我明天就應該偏多操作，遇到盤中修正也是逢低買進；反之如果我判斷出來接下來隨時要崩盤，那隔天就應該偏空操作，就算碰到反彈也是找點位出場或甚至做空。

這些都需要在盤前想好遇到什麼情況要怎麼應對，等到盤中再臨時判斷就很可能因為被情緒影響導致該停損卻捨不得賣或該逢低加碼卻不敢買的情況。

有些人問我，要是規劃錯了怎麼辦？

規劃未來盤勢本來就不可能100％正確，只要勝率有80％，剩下遇到不合乎原先規劃的走勢再做修正就好，一定會比等到盤中再全憑臨場反應要好得多。

要怎麼規劃盤勢才能提升勝率呢？我用之前2010年1月分在玩股網寫了連續幾篇的盤勢分析來教大家，讓你看看我在當時是根據哪些多空條件來準確判斷接下來的台股走勢。

台股掛點的條件

加權指數在1/19出現空頭吞噬以後，1/20又開高走低，尾盤雖然因為碰到月線反彈，也只留下30點不到的下影線，整個空方氣燄大漲，投資人對多方信心開始出現鬆動，是不是要開始修正了？

　　答案是非常有可能，只要達到我下面講幾個的條件，建議先出場再說。請注意這幾個月以來我首度公開說多頭要休息，請大家小心。

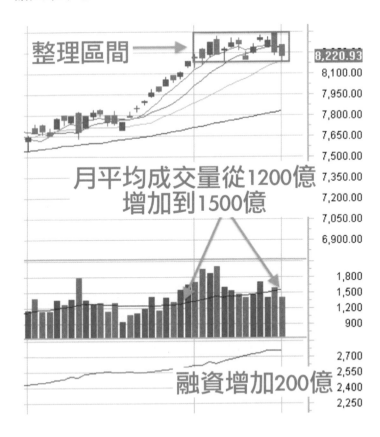

從1月初到今天已經20天了，大盤都一直在這上下兩百點不到的區間內震盪整理，伴隨著成交量增加（1月分的月平均成交量比上個月要多出1/4），融資增加200億，股價卻沒動的情況下，很可能是主力在出貨。

　　成交量增加卻指數沒動，這個叫做量大不漲，量大不漲的可能有兩種，一種是主力出貨給散戶，一種是主力壓低指數在進貨，所以我們要判斷這陣子到底是主力出貨給散戶還是主力在進貨。

　　我們注意到了最近融資增加200億，喔～～！既然融資增加200億，那當然是散戶買的股票，主力出貨給散戶的判斷是對的。

　　所以既然把行情規劃清楚，心裡踏實了，我們只要按表操課就好，觀察它什麼時候要破底，如果跌破1/13低點8194，那就先閃人再說，除非後來漲過區間高點大約8400，不然不買回來。

　　至於個股就看你持股成本來決定，利用停損移動＋季線停損操作，就是看先跌破移動停損還是先跌破季線，只要跌破其中一項就先出場再說。如果你手中的股票也像大盤一樣在平台整理，那就把上面我說的方法搬過來操作個股也是很好用的。

　　結果後來真的跌破了盤整區間下緣，於是我趕緊寫了下面一篇盤勢分析。

六張圖告訴你接下來該怎麼操作

　　上週五的美股又一次大跌，而且這個下跌是出乎大家意料之外的，因為前一天其實道瓊收盤就已經很靠近季線，美股期貨也並沒有顯示大跌的跡象，看圖就很清楚，道瓊是到快接近美國中午又一次試著站回平盤失敗才就此掛點下殺，而在台股收盤那時的道瓊期貨其實是在平盤之上的，當大家都預期美股可能會小漲，台股也跟著沾光開始反彈的時候，美股突然從背後抽冷刀子，把捨不得停損的＋想搶反彈的朋友一下幹倒在地上。

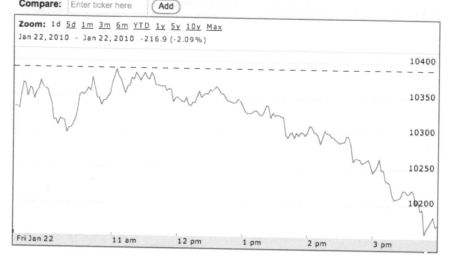

10,172.98
-216.90 (-2.09%)
Jan 22 - Close
INDEXDJX real-time data - Disclaimer

Range   10,157.64 - 10,389.58
52 week   6,469.95 - 10,729.89
Open   10,389.58
Vol / Avg.   323.62M/200.42M

Compare: Enter ticker here   Add

Zoom: 1d 5d 1m 3m 6m YTD 1y 5y 10y Max
Jan 22, 2010 - Jan 22, 2010 -216.9 (-2.09%)

10400
10350
10300
10250
10200

Fri Jan 22   11 am   12 pm   1 pm   2 pm   3 pm

　　其實我當時也以為會有反彈，有在玩股網看我講話的朋友就知道，我當時期貨空單留倉都很勉強，結果這次是我的期貨交易程式救我一命，市場又一次教訓我：金融操作沒有什麼是不可能的。

操作股票什麼都可以不會，停損點移動法一定會。

這次的修正比較不樂觀的幾個點：

1. 道瓊跌破季線

我們把時間往前拉，試著找上次跌破季線的時間在哪，結果發現上次是2009/7跌破季線，後來半年都一直站在季線之上，中間一樣有幾次連續性大跌，但是只要修正到靠近季線就漲回去，每次跌下來在季線附近都是買點或加碼點。所

以既然這次的跌法是過去半年以來所未見的，那就代表市場趨勢與習性也跟前半年會完全不同，過去半年百試百靈的操作方法這次可能會失效，逢低買進＋攤平不見得會佔到便宜，大家要小心。

2. 在我上一篇有講過，「從一月初到現在20天大盤都一直在這上下兩百點不到的區間內震盪整理，伴隨著成交量增加（一月分的月平均量比上個月要多出1/4），融資增加200億，股價卻沒動的情況下，很可能是主力在出貨。」結果真的跌破盤整區間下緣，這會讓之前在盤整區間那十幾二十個交易日買進的籌碼全部套牢，空方大勝。

既然知道會往下跌，我們要來看看哪種跌法的機率比較高，跌到哪裡才是可以買進的好價位。

這裡下跌到季線之下可能會出現兩種走法，

1. 走急跌，這種出現的機率大很多，像2007/8那樣，走空頭三部曲：下跌→整理→再下跌，第一個下跌主要跌大盤指數，主跌權值股，第二個下跌則是換中小型股票，兩個禮拜就股價腰斬是很常見的。

　　例如當時我有在注意的8054安國就是這樣（下圖），從
8/9高點224跌到8/21低點127就幾乎腰斬了，期間也才經過9
個交易日而已。

2. 走緩跌，這種的機率小很多，因為緩跌的盤不管是主力法人還是散戶都很難賺錢，股票、期貨都很難賺，大概只有做選擇權賣方可以獲利。例如2002/4那樣，前波是3411漲到6484，漲了快一倍，期間也是半年沒跌破過季線，後來一個長黑破季線，慢慢跌到3845。

楚格言 **225**

在投資理財的道路上，記得：免費的才是最貴的。

不知道會走哪一種？

無所謂，其實也不需要知道，只要把握一個簡單原則即可，當大盤沒有站穩季線上三天不進場買股，你永遠不會出事。不要想著搶反彈這種事，那是高難度技巧，「新手死頭部，老手死反彈」，大家千萬不要不信邪在還不確定已經翻多以前去亂接股票，那大概就像騎機車跟砂石車對撞一樣危險。

後來發現果然是走第一種規劃的下跌盤整再下跌，走盤整的時候我寫了下一篇規劃。

我的操作經驗與盤勢分析

自從1/26那天長黑跌破季線之後已經一個禮拜還站不回去，而且幾乎每天都在創新低點，不管開高開低，反正收盤總是要破底一下才甘願，之前早早停損的朋友每天都心情很好地看著盤勢走空，到現在還在凹單的朋友則是每天罵髒話看著手中股票天天創低點。

在投資理財的道路上，記得：免費的才是最貴的。

前者想著說什麼時候可以把股票接回來，後者想著起碼
找個反彈解套。

接下來怎麼走？

我們先把大盤圖抓出來看，現在是下降通道，像個通
往地底的隧道似的，高點一天比一天低，低點也一天比一天

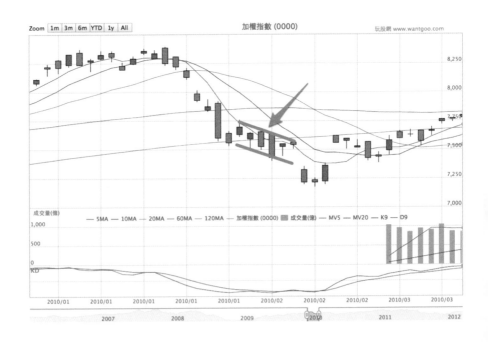

低，這是現在的趨勢。我們可以知道在高點沒有確定突破通道上緣的情況下，大盤走勢不會改變，也就是說反彈到靠近高點的時候可以試著去放空，等確定突破高點再停損，而跌到低點附近不要買，因為很可能哪天就不彈直接下去了。

自從1/26那天跌破季線到今天是五個交易日，我的經驗是當盤勢跌破季線十個交易日內都站不回去，那就要好一陣子才會站回去了，換句話說，即使不是走大空頭，至少也是盤整，買股票賺錢的難度會大增，大家可以自己往回確認歷史。

大盤跌破季線的當下其實沒有那麼嚴重，從2008年低點3955漲上來其中也有幾次跌破季線，後來也還是持續創高，不過不知道你有沒有發現之前雖然跌破季線，但是因為每次都沒幾天就站回，所以季線角度都在0度以上，而這次我比較怕的是季線往下彎，當季線往下彎的時候就代表多頭正式掛點，只要股票漲到季線附近絕對就是多單閃人＋空單伺候。

跌五成要漲一倍才能回本，這是常識。

這個觀念很重要，為啥我每次分析總是要先把大盤抓出來檢視一番？因為要先判斷現在是走多頭還是空頭，只要股價在季線上＋季線是上漲的就是多頭，跌下來都看作多頭休息，應該逢低買進；反之股價在季線下＋季線下彎就是空頭，上漲反而是空頭小憩，逢高要放空。如果搞不清楚多頭空頭就亂做一通，例如在多頭修正低點去放空，或是在空頭修正高點去追高，那被套或被軋就是鐵板釘釘的事，中標率95％以上。

雖然美股連兩天反彈，不過空軍不用怕，陸軍不用高興，在下降通道沒有確認突破以前趨勢不變，在站穩季線之上三天以前還是看反彈，不看作回升。上方還一堆均線下彎，那一道道都是解套賣壓，沒這麼容易突破的。現在是走最弱的沿著五日線下跌的走勢，喜歡做當沖或隔日沖的朋友可以五日線當參考，接近五日線就空，乖離拉大就補，不逢低買，來回做幾次也是不錯賺。

上面連續寫了三篇盤勢分析給大家看，從第一篇的台股掛點的條件開始其實就是偏空思考了，所以一路下來我並

沒有自作聰明地逢低買進，這次的下跌總共跌幅高達1300多點，如果沒有事前先規劃好，中途遇到反彈一定會想要搶一下，下場就是連環套，所以這就是為什麼要事前規劃行情，好處太多了。

跌五成要漲一倍才能回本，這是常識。

05

收盤後該做的功課2：
輕鬆選股不求人

為什麼要先教大家
如何規劃盤勢再談選股？

因為必須先確定現在是處於多頭走勢，在多頭走勢中大部分的股票會上漲，在空頭走勢中大部分的股票會下跌，而我們一般操作股票幾乎都是以做多（買股票）為主，希望買進股票以後可以上漲讓我們賣在更高的價位，那自然在大部分股票都會上漲的多頭要積極買股，因為買到上漲股票的機率是比較高的；在空頭走勢中要保守，因為要買到會上漲的股票是很難的。結論是如果沒有先搞清楚現在的市場是多頭還是空頭就亂買一通，也許在空頭走到半山腰的時候進場，或是甚至可能在已經很危險的頭部高點梭哈，賠錢也就是鐵

板釘釘的事了。

　　當然，即使我們會判斷多頭空頭還是不能保證一定會大賺，因為多頭選對股票可以獲利三五倍，選錯股票可能沒有賺還倒賠，所以會判斷多空頭還不夠，真正致富的關鍵在選股！

　　十幾年前沒有電腦的時候，我得要每天特別去買一份有畫所有股票K線圖的報紙，然後一支支用肉眼去看，後來有了電腦看盤軟體，可以直接在電腦上一支支股票叫出來看，但是還是不輕鬆，因為我依然要用肉眼去看一千多支股票，直到我創立玩股網，把我平常在用的選股技巧集結整理，再直接利用電腦的高速運算，直接搜尋出滿足多頭攻擊條件的股票有哪些，我再從那些股票中去挑選我想買的股票就好，選股這樁勞民又傷財的苦差事終於變的輕鬆又快速了。

　　再提醒一次，確認現在是多頭再選股買進，千萬不要在明顯空頭走勢中亂買股票，那會很難找到上漲的股票，而且賠錢機率非常大。

　　找個操作實例給大家參考：台股在2012年農曆新年之前持續在盤整，當時因為成交量縮到很小，加上國際股市普遍表現地不錯，我在玩股網上連續寫了好多篇文章提醒大家最近是很好買進的機會，千萬要把握住。像遇到這種明顯是底部區的情況，當然要趕緊把握機會利用選股程式來幫忙選股。

　　果不其然，大盤在過完年後從1/30起漲，一路噴到3/2當天最高點8170，一個月漲了937點，累積漲幅達12％。這段時間只要你有進場買股票，幾乎閉着眼睛都有獲利，即使是不會選股只買台灣50也賺了13％，近兩支漲停板，看起來不錯，但是如果你是積極型的投資人，相信你一定不滿意，是不是能夠利用更好的選股方法找出績效比大盤要更強的飆股？是不是有更聰明而且更輕鬆的選股方法是你從沒用過的？

　　不妨試試玩股網的俏祕書飆股搜尋系統（注）。

　　下圖是當時的大盤K線圖。

　　我們發現只要飆股有99％都有一些特徵，在起漲發動時除了常常是由爆量長紅來當鳴槍起跑的信號以外，另外還有一個很重要的特徵是會開始呈現多頭排列，並且會由這根帶量紅K開始讓後面的均線呈現漂亮的扇形發散，接著一路漲上去。多頭排列就是越長均期的均線排在越下面，越短均期的均線在越上面，5日線在最上面，再來是10日線、20日線、60日線。

　　玩股網「飆股搜尋系統」中右方的熱門選股設定，[起漲點的飆股] 可以幫你把近期符合這兩個飆股條件的股票選出來。

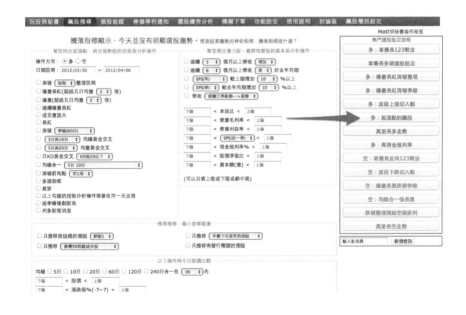

　　這張表是從大盤12/20落底開始，每天使用飆股搜尋找到的個股，分別在之後的三個月內的績效追蹤紀錄，可以看到約在6週後平均獲利達到30％以上，做多的勝率更

是100％，其中有個股績效更是達到90％以上，遠遠贏過大盤。

績效分析

	1周	2周	3周	4周	5周	6周	7周	8周	3月	6月	9月	1年
平均獲利%	2.95%	5.38%	8.88%	16.40%	24.62%	32.00%	33.77%	36.23%	33.64%	-----	-----	-----
做多勝率%	71.43%	68.75%	76.47%	82.35%	88.24%	100.00%	100.00%	100.00%	100.00%			
做空勝率%	28.57%	31.25%	23.53%	17.65%	11.76%	-----	-----	-----	-----	-----		

績效追蹤

排名	代號	股票	進場日期	選股理由	買進價	1周	2周	3周	4周	5周	6周	7周	8周	3月	6月	9月	1年	☐全選
0	3035	智原	2011/12/20	起漲點的飆股	26.1	10.5%	15.1%	30.3%	42.5%	51.3%	60.5%	73.4%	91.4%	67.8%	-----	-----	-----	閞 ☐
1	5383	金利	2011/12/22	起漲點的飆股	10.05	0.5%	-2.6%	-0.7%	-2.5%	-2.5%	11.9%	13.9%	15.9%	16.9%	-----	-----	-----	閞 ☐
2	4944	兆遠	2011/12/23	起漲點的飆股	19.05	4.7%	8.4%	18.1%	26.0%	26.0%	66.9%	67.5%	69.6%	80.1%	-----	-----	-----	閞 ☐
3	6208	日揚	2011/12/23	起漲點的飆股	13.45	-1.9%	-3.0%	-9.3%	-7.1%	-7.1%	4.5%	9.7%	8.2%	5.9%	-----	-----	-----	閞 ☐
4	6298	崴強	2011/12/30	起漲點的飆股	14.1	7.1%	-1.4%	1.4%	1.4%	15.2%	29.8%	20.6%	24.1%	25.5%	-----	-----	-----	閞 ☐
5	2458	義隆	2012/01/04	起漲點的飆股	25.45	7.5%	17.9%	17.9%	22.8%	34.6%	61.1%	53.6%	51.3%	54.0%	-----	-----	-----	閞 ☐
6	2383	台光電	2012/01/05	起漲點的飆股	19.5	-----	7.7%	7.7%	17.4%	34.4%	27.9%	31.3%	32.8%	34.4%	-----	-----	-----	閞 ☐
7	3630	新鉅科	2012/01/05	起漲點的飆股	42.6	13.0%	13.6%	13.6%	35.2%	42.7%	50.0%	51.9%	45.8%	40.8%	-----	-----	-----	閞 ☐
8	6145	勁永	2012/01/05	起漲點的飆股	10.8	-11.1%	-10.1%	-10.1%	-2.3%	3.7%	13.0%	8.8%	8.8%	11.6%	-----	-----	-----	閞 ☐
9	6175	立敦	2012/01/05	起漲點的飆股	18.9	-1.6%	-0.8%	-0.8%	11.1%	19.0%	24.1%	32.3%	30.7%	18.5%	-----	-----	-----	閞 ☐
10	8234	新漢	2012/01/05	起漲點的飆股	24.9	1.2%	9.4%	9.4%	11.7%	17.7%	20.7%	23.1%	23.5%	25.7%	-----	-----	-----	閞 ☐
11	1305	華夏	2012/01/09	起漲點的飆股	9.49	5.4%	4.8%	11.7%	15.4%	18.0%	35.4%	24.9%	22.2%	19.6%	-----	-----	-----	閞 ☐
12	1785	光洋科	2012/01/09	起漲點的飆股	33.9	-1.2%	4.1%	7.1%	11.5%	17.6%	15.9%	23.5%	20.8%	22.4%	-----	-----	-----	閞 ☐
13	1809	中釉	2012/01/09	起漲點的飆股	13.6	-----	-----	7.0%	13.2%	32.4%	32.0%	32.4%	33.8%	40.4%	-----	-----	-----	閞 ☐
14	4958	KY兆勁	2012/01/11	起漲點的飆股	62	1.9%	13.5%	16.8%	39.5%	67.7%	49.7%	45.8%	51.3%	54.8%	-----	-----	-----	閞 ☐
15	8008	建興電	2012/01/12	起漲點的飆股	26.05	5.2%	5.2%	19.0%	24.2%	17.7%	18.2%	19.0%	17.5%	19.6%	-----	-----	-----	閞 ☐
16	5215	KY科喬	2012/01/18	起漲點的飆股	43.1	-----	4.1%	11.9%	12.8%	27.1%	20.0%	42.2%	66.8%	-----	-----	-----	-----	閞 ☐

如果我們在飆股搜尋系統找到的當天進場，並使用10％的停損點移動操作（請參閱SOP有詳細教學）及發動的爆量長紅K棒低點當停損點操作，績效是否會這麼好？以下來操作看看。

看到空頭吞噬，先閃人再說，因為掛點機率太高了。

　　3035智源以12/20當天收盤價26.1進場，到2/20收盤46.1
跌破移動停損10％出場，結算獲利76.63％。

　　5383金利以12/22當天收盤價10.05進場，到4/5收盤價
12.55仍未跌破停損續抱，帳面獲利24.88％。

金利 (5383)

進場

4944兆遠以12/23當天收盤價19.05進場，到2/20收盤 34.85跌破移動停損10％出場，結算獲利82.94％。

看到空頭吞噬，先閃人再説，因為掛點機率太高了。

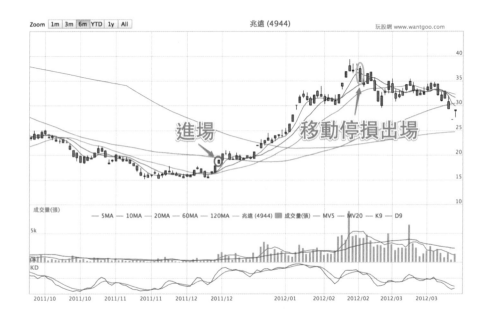

　　6208日揚以12/23當天收盤價13.45進場,到1/12收盤
12.55跌破長紅棒低點停損出場,結算獲利－6.7%。

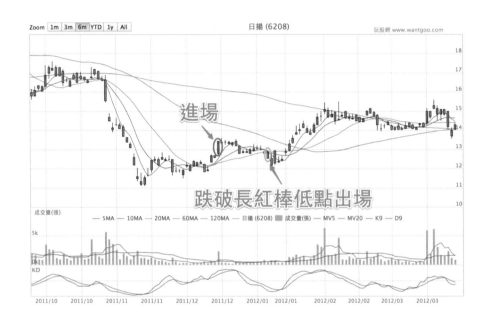

日揚 (6208)

Zoom 1m 3m 6m YTD 1y All

玩股網 www.wantgoo.com

進場

跌破長紅棒低點出場

成交量(張)

— 5MA — 10MA — 20MA — 60MA — 120MA — 日揚 (6208) ■ 成交量(張) — MV5 — MV20 — K9 — D9

　　6298崴強以12/30當天收盤價14.1進場，到3/6收盤16.6
跌破移動停損10％出場，結算獲利17.73％。

看到空頭吞噬，先閃人再說，因為掛點機率太高了。

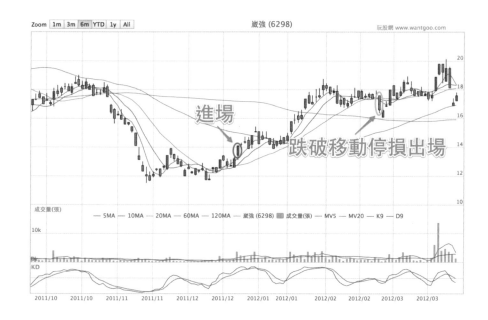

2458義隆以1/4當天收盤價25.45進場，到3/6收盤35.15跌破移動停損10％出場，結算獲利38.11％。

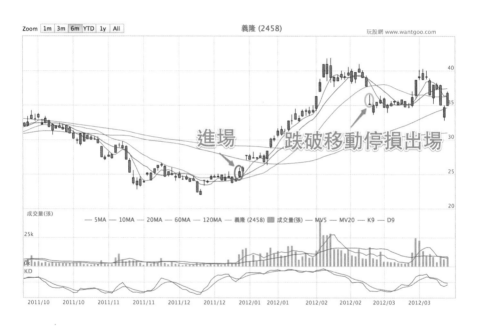

義隆 (2458)

進場　　　跌破移動停損出場

　　2383台光電以1/5當天收盤價19.5進場，到4/5收盤24.5
跌破移動停損10％出場，結算獲利25.64％。

看到空頭吞噬，先閃人再說，因為掛點機率太高了。

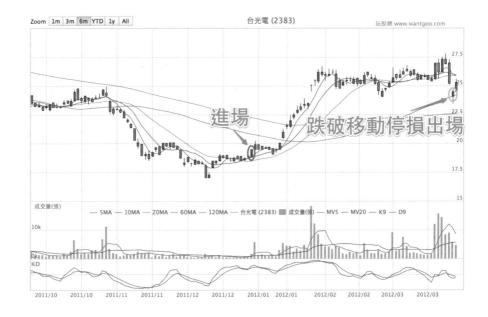

台光電 (2383)

進場

跌破移動停損出場

玩股網 www.wantgoo.com

　　3630新鉅科以1/5當天收盤價42.6進場，到2/29收盤60.3
跌破移動停損10％出場，結算獲利41.55％。

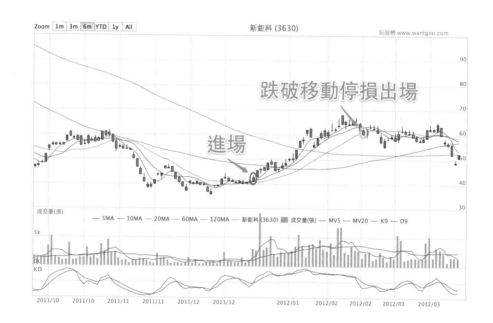

新鉅科 (3630)

跌破移動停損出場

進場

　　6145勁永以1/5當天收盤價10.8進場，到1/11收盤10跌破長紅棒低點停損出場，結算獲利－7.41％。

腦袋決定口袋，口袋決定自由。

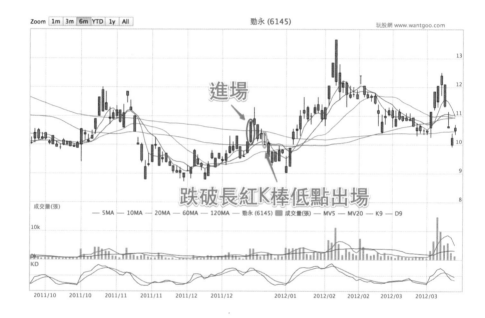

勁永 (6145)

進場

跌破長紅K棒低點出場

　　6175立敦以1/5當天收盤價18.9進場，到3/7收盤22.45跌破移動停損10％出場，結算獲利18.78％。

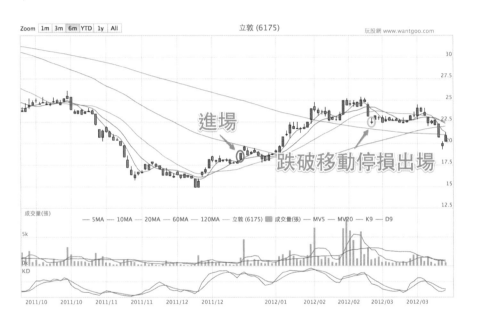

立敦 (6175)

Zoom 1m 3m 6m YTD 1y All

玩股網 www.wantgoo.com

進場

跌破移動停損出場

成交量(張)

5MA — 10MA — 20MA — 60MA — 120MA — 立敦 (6175) 成交量(張) MV5 MV20 K9 D9

KD

　　8234新漢以1/5當天收盤價24.9進場，到3/29收盤31.3跌
破移動停損10％出場，結算獲利25.7％。

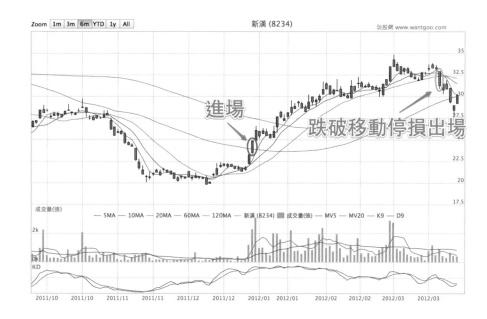

新漢 (8234)

玩股網 www.wantgoo.com

進場

跌破移動停損出場

成交量(張)

── 5MA ── 10MA ── 20MA ── 60MA ── 120MA ── 新漢 (8234) ■ 成交量(張) ── MV5 ── MV20 ── K9 ── D9

KD

2011/10　2011/10　2011/11　2011/11　2011/12　2011/12　2012/01　2012/01　2012/02　2012/02　2012/03　2012/03

　　　1305華夏1/5爆量長紅，在1/9開始呈現多頭排列。以
1/9當天收盤價9.49進場，到2/23收盤11.85跌破移動停損
10%出場，結算獲利24.87%。

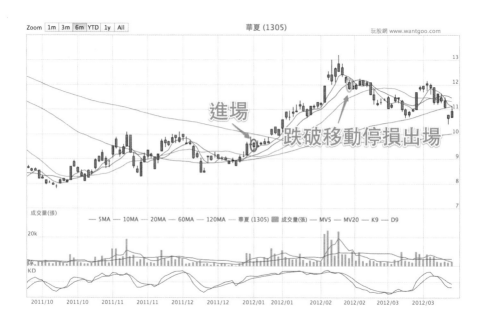

華夏 (1305)

進場
跌破移動停損出場

　　1785光洋科以1/9當天收盤價33.9進場，到3/6收盤38.9
跌破移動停損10％出場，結算獲利14.75％。

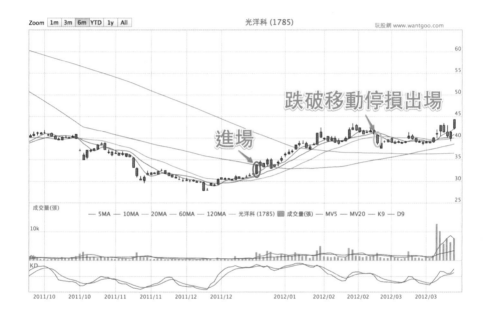

1809中釉以1/9當天收盤價13.6進場，到2/17收盤16.8跌
破移動停損10％出場，結算獲利23.53％。

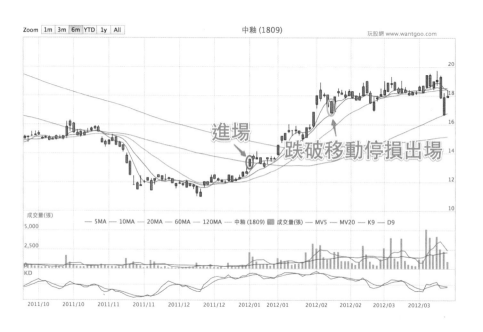

中釉 (1809)

玩股網 www.wantgoo.com

Zoom 1m 3m 6m YTD 1y All

進場

跌破移動停損出場

5MA — 10MA — 20MA — 60MA — 120MA — 中釉 (1809) ■ 成交量(張) — MV5 — MV20 — K9 — D9

成交量(張)

KD

2011/10 2011/10 2011/11 2011/11 2011/12 2011/12 2012/01 2012/01 2012/02 2012/02 2012/03 2012/03

　　5948KY臻鼎以1/9當天收盤價62進場，到2/16收盤92.1
跌破移動停損10％出場，結算獲利58.55％。

人的價值就在於你選擇「知難而退」，還是「知難而進」！

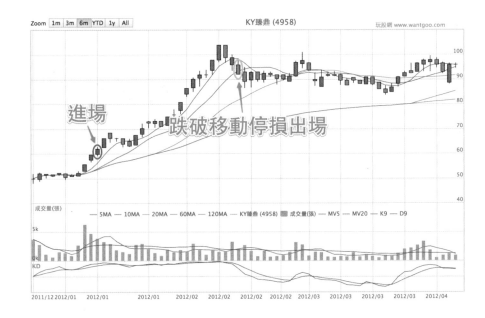

KY臻鼎 (4958)

進場

跌破移動停損出場

玩股網 www.wantgoo.com

8088建興電以1/12當天收盤價26.05進場，到3/6收盤29.7跌破移動停損10％出場，結算獲利14.01％。

建興電 (8008)

進場

跌破移動停損出場

　　5215KY科嘉以1/18當天收盤價43.1進場，到3/19收盤72.1跌破移動停損10％出場，結算獲利67.29％。

人的價值就在於你選擇「知難而退」，還是「知難而進」！

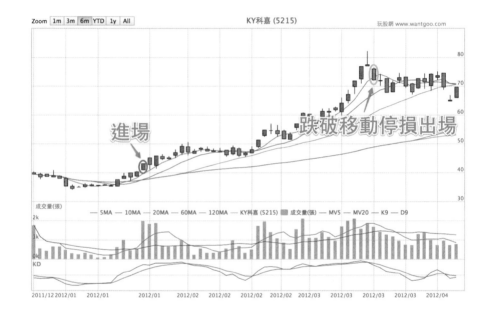

Zoom 1m 3m 6m YTD 1y All　　　　　　KY科嘉 (5215)　　　　玩股網 www.wantgoo.com

進場

跌破移動停損出場

5MA — 10MA — 20MA — 60MA — 120MA — KY科嘉 (5215) ■ 成交量(張) — MV5 — MV20 — K9 — D9

成交量(張)
2k
1k
0k
KD

2011/12 2012/01　2012/01　　2012/01　2012/02　2012/02　2012/02　2012/02　2012/03　2012/03　2012/03　2012/04

　　以起漲點的飆股條件選出的這17支個股，再搭配移動停
損點操作的模式，總結操作績效倒序排列如下：

- 4944 兆遠 獲利 82.94%
- 3035 智源 獲利 76.63%
- 5215 KY科嘉 獲利 67.29%
- 5948 KY臻鼎 獲利 58.55%
- 3630 新鉅科 獲利 41.55%
- 2458 義隆 獲利 38.11%
- 8234 新漢 獲利 25.7%
- 2383 台光電 獲利 25.64%
- 5383 金利 獲利 24.88%
- 1305 華夏 獲利 24.87%
- 1809 中釉 獲利 23.53%
- 6175 立敦 獲利 18.78%
- 6298 崴強 獲利 17.73%
- 1785 光洋科 獲利 14.75%
- 8088 建興電 獲利 14.01%
- 6208 日揚 獲利 －6.7%
- 6145 勁永 獲利 －7.41%

人的價值就在於你選擇「知難而退」，還是「知難而進」！

17支的個股，平均投資績效為31.81％，賺錢機率88.24％。獲利30％以上的飆股有6支，約35％的機率可以選到飆股。只有6208日揚和6145勁永兩支是停損虧錢的，雖然這兩支個股從K線圖上看後續仍是上漲的，但因為嚴格遵守操作紀律提早停損出場，整體的績效仍是達到30％以上，對照大盤的12％，用飆股搜尋按個鍵就選出好股票無疑是聰明多了。如果你還沒有一個好的選股＋操作方式，可以試試[起漲點的飆股]這種選股方式，別忘了要搭配停損點移動法操作大賺小賠穩定獲利。

注：飆股搜尋功能是玩股網進階會員的獨享功能，你可以在本書的最後面找到贈送七天會期的序號貼紙，刮開後到玩股網儲值就可以在七天內無限使用飆股搜尋功能。

俏祕書飆股搜尋網址

http：//www.wantgoo.com/hottipsearch.aspx

兩週內獲利三成以上的操作技巧

多頭走勢中，散戶唯一最容易賺錢的就是主升段，也就是波浪理論中講的第三波，第三波的特徵有幾個：

1. 量價齊揚，每天股價上漲的同時成交量也是持續放大，成交量越來越大反過來再把股價推高。

2. 今天的高點是明天的低點，明天的高點是後天的低點，每天不是創新高點，就是低點墊高。等拉回買進？等不到的。

3. 不會出現長黑棒或跳空大跌的明顯修正，主升段的修正大都只在盤中下跌，尾盤十之八九又會拉高，不會出現規模比較大的修正。

只要每次主升段出現時都能把握好，其它時間不作單也無所謂。

　　例如今年（2012）從1/30到2/15，短短14個交易日，大盤的成交量每天不斷放大，指數也不斷創新高，直到2/16的長黑棒出現，正式宣告第三波結束，有提前進場佈局的投資人，可以輕鬆地吃完整個主升段的漲勢，大賺錢是鐵板釘釘的事兒。

但是其實很多投資人被去年八月起的大跌嚇到，被危言聳聽的媒體恐嚇，結果不敢趁明顯底部區進場買股票，錯過了提前佈局的最好時機，結果主升段開始以後一路等拉回等不到，不敢追高只能痛苦地被一路軋空手上去。

如果遇到這種已經開始起漲一段的大盤，該怎麼操作才對？會不會選到股票買進就買在高點？

這種情況我建議你可以試著找「爆量長紅＋突破整理區間」這個強勢股特徵來選股。

直接看如果這段期間用「爆量長紅＋突破整理區間」來選股的績效。隔一天交易日的平均漲幅＋2.71％，勝率78.57％，兩天後＋3.77％，勝率85.71％，買進後四天有多達83％的股票獲利超過一根停板。

這支股票上有壓力、下有支撐，到底該怎麼操作呢？換別支只有支撐沒有壓力的做。

績效分析

	1日	2日	3日	4日	5日	6日	7日	8日	9日	10日	11日	12日
平均獲利%	2.71%	3.77%	5.40%	6.91%	7.30%	8.62%	11.07%	10.98%	11.51%	10.91%	11.51%	10.97%
做多勝率%	78.57%	85.71%	88.10%	83.33%	83.33%	83.33%	92.50%	88.10%	88.10%	85.71%	83.33%	80.95%
做空勝率%	21.43%	14.29%	11.90%	16.67%	16.67%	16.67%	7.50%	11.90%	11.90%	14.29%	16.67%	19.05%

績效追蹤

排名	代號	股票	進場日期	選股理由	買進價	1日	2日	3日	4日	5日	6日	7日	8日	9日	10日	11日	12日	全選
1	2847	大眾銀	2012/01/31	爆量長紅突破	7.58	1.1%	2.1%	2.5%	16.8%	17.9%	20.7%	29.2%	37.9%	47.1%	41.2%	43.1%	37.9%	
2	8213	志超	2012/01/30	爆量長紅突破	24.9	6.8%	10.2%	17.9%	26.1%	33.3%	41.0%	42.4%	43.8%	46.2%	43.0%	39.4%	43.4%	
3	1718	中纖	2012/01/31	爆量長紅突破	10.05	7.0%	10.4%	10.0%	16.9%	21.4%	29.9%	33.3%	32.3%	33.8%	29.4%	32.8%	29.4%	
4	1613	台一	2012/01/31	爆量長紅突破	4.67	9.0%	9.0%	10.5%	10.1%	10.1%	13.5%	21.4%	29.8%	27.0%	27.0%	27.4%	23.3%	
5	2453	凌群	2012/01/31	爆量長紅突破	10.75	7.0%	8.8%	15.3%	20.5%	20.9%	29.3%	27.0%	24.2%	27.9%	23.7%	23.7%	19.1%	
6	6188	廣明	2012/01/31	爆量長紅突破	20.4	5.4%	12.7%	14.2%	20.3%	18.1%	26.2%	26.2%	24.5%	22.8%	24.3%	28.4%	19.9%	
7	2369	菱生	2012/01/31	爆量長紅突破	14.65	4.4%	7.2%	14.3%	21.2%	19.5%	18.8%	27.0%	27.0%	22.2%	20.5%	23.2%	28.3%	
8	4935	KY茂林	2012/01/31	爆量長紅突破	37.8	6.9%	6.3%	9.3%	9.4%	9.8%	12.9%	16.9%	14.7%	22.0%	20.9%	19.6%	21.8%	
9	2449	京元電	2012/01/30	爆量長紅突破	11.05	4.1%	1.8%	3.6%	10.4%	14.5%	16.3%	20.4%	22.6%	19.0%	24.9%	20.8%	20.8%	
10	2833	台壽保	2012/01/31	爆量長紅突破	18	4.7%	4.4%	3.9%	11.7%	13.9%	15.0%	13.6%	12.5%	18.3%	14.4%	16.1%	11.1%	
11	2331	精英	2012/01/31	爆量長紅突破	6.9	3.3%	5.1%	5.5%	4.6%	3.9%	5.8%	7.0%	11.6%	16.7%	14.2%	15.2%	11.3%	
12	2358	美格	2012/01/31	爆量長紅突破	8.87	7.0%	14.4%	15.0%	13.9%	14.2%	12.6%	12.7%	17.2%	16.1%	14.4%	12.6%	15.0%	
13	2883	開發金	2012/01/31	爆量長紅突破	8.79	3.0%	2.8%	10.0%	10.4%	10.9%	14.3%	13.8%	12.9%	14.3%	12.7%	14.3%	15.9%	
14	5425	台半	2012/01/31	爆量長紅突破	15.4	2.3%	5.5%	11.0%	9.1%	9.4%	14.0%	18.5%	15.6%	14.3%	12.3%	16.2%	15.9%	
15	2887	台新金	2012/01/31	爆量長紅突破	11	0.9%	4.1%	6.8%	8.6%	10.0%	12.3%	11.8%	11.8%	14.1%	10.5%	11.8%	8.2%	
16	8374	羅昇	2012/01/31	爆量長紅突破	50.2	7.0%	7.8%	9.6%	8.4%	11.0%	12.2%	15.5%	15.9%	13.5%	14.9%	12.9%	13.9%	
17	1701	中化	2012/01/31	爆量長紅突破	18.6	2.7%	4.3%	3.8%	9.4%	9.4%	8.9%	13.2%	13.2%	13.2%	11.5%	21.2%	28.0%	
18	2417	圓剛	2012/01/31	爆量長紅突破	26.7	4.9%	3.4%	4.5%	0.4%	1.7%	3.7%	10.9%	15.0%	13.1%	12.5%	20.0%	12.4%	
19	2809	京城銀	2012/01/31	爆量長紅突破	18	5.6%	5.6%	5.6%	6.7%	8.9%	10.3%	13.3%	13.3%	11.1%	14.2%	11.9%	11.7%	
20	2884	玉山金	2012/01/31	爆量長紅突破	13.9	5.4%	7.9%	8.3%	10.8%	10.4%	10.8%	11.5%	10.4%	10.1%	8.3%	11.9%	9.4%	
21	5434	崇越	2012/01/31	爆量長紅突破	46.9	2.1%	4.7%	5.7%	4.3%	4.7%	6.4%	8.5%	9.8%	10.0%	8.1%	11.1%	7.9%	
22	2603	長榮	2012/02/01	爆量長紅突破	17.4	3.4%	6.3%	7.8%	8.3%	9.2%	9.2%	8.6%	11.8%	9.2%	10.1%	8.3%	6.0%	
23	2845	遠東銀	2012/01/31	爆量長紅突破	11.65	2.1%	3.0%	3.9%	4.3%	4.7%	7.3%	8.2%	6.4%	9.0%	6.9%	7.7%	4.3%	
24	1440	南紡	2012/01/30	爆量長紅突破	11.6	1.7%	6.9%	6.9%	6.9%	6.0%	6.5%	9.9%	11.2%	8.6%	8.2%	6.0%	7.8%	
25	1905	華紙	2012/01/31	爆量長紅突破	10.2	1.5%	2.9%	3.9%	4.9%	5.4%	8.3%	9.3%	8.3%	8.3%	6.9%	8.3%	10.3%	
26	1737	臺鹽	2012/01/31	爆量長紅突破	22.35	1.3%	0.9%	3.9%	3.4%	5.1%	4.3%	5.4%	7.4%	5.4%	8.1%	5.6%	6.7%	
27	1708	東鹼	2012/01/31	爆量長紅突破	33.65	0.4%	1.8%	0.7%	-0.6%	0.9%	1.0%	1.2%	1.2%	4.3%	2.8%	3.1%	1.0%	
28	1513	中興電	2012/02/02	爆量長紅突破	16.2	-1.2%	-2.8%	-3.1%	-1.9%	-1.2%	-0.9%	1.2%	4.6%	3.7%	1.5%	1.5%	2.5%	
29	1789	神隆	2012/01/30	爆量長紅突破	44.95	2.8%	3.4%	2.7%	3.8%	1.9%	2.6%	4.6%	3.3%	3.2%	10.3%	17.9%	26.1%	
30	2889	國票金	2012/02/01	爆量長紅突破	10.1	-0.5%	0.5%	4.0%	3.5%	5.4%	4.5%	4.0%	4.0%	3.0%	4.5%	2.0%	2.5%	
31	2834	臺企銀	2012/02/01	爆量長紅突破	9.72	-0.2%	0.4%	1.5%	1.0%	1.1%	2.3%	2.1%	2.1%	2.9%	1.5%	2.5%	-0.1%	
32	1604	聲寶	2012/02/02	爆量長紅突破	9.07	-1.2%	-1.3%	-2.1%	-0.2%	0.7%	0.7%	1.9%	0.4%	2.8%	-0.2%	-0.4%	0.3%	
33	1609	大亞	2012/02/01	爆量長紅突破	8.11	1.0%	0.5%	1.4%	0.4%	1.7%	2.3%	2.7%	3.2%	2.6%	3.8%	2.6%	3.1%	
34	1455	集盛	2012/01/30	爆量長紅突破	13.45	-0.7%	0.4%	0.4%	2.2%	1.5%	0.7%	3.0%	3.0%	1.1%	0.4%	-0.7%	5.9%	
35	1227	佳格	2012/01/30	爆量長紅突破	100.5	6.5%	4.5%	4.5%	4.5%	3.5%	4.0%	2.5%	2.5%	1.0%	2.5%	-0.5%		
36	3037	欣興	2012/01/30	爆量長紅突破	39.45	-1.3%	-1.6%	1.3%	-1.4%	0.9%	-0.1%	3.2%	1.0%	0.6%	0.3%	2.5%	-0.3%	
37	2615	萬海	2012/01/30	爆量長紅突破	16.05	2.8%	3.1%	2.2%	1.9%	-1.6%	-1.2%	2.8%	1.6%	0.3%	4.4%	1.6%	3.4%	
38	2880	華南金	2012/02/04	爆量長紅突破	17.5	-2.3%	0.3%	-0.3%	-0.3%	-0.3%	-1.7%	------	-1.1%	-0.6%	-0.6%	-2.3%	-1.4%	
39	2324	仁寶	2012/02/02	爆量長紅突破	34.8	0.6%	-0.7%	0.1%	-0.6%	-0.9%	-2.3%	-1.6%	-1.6%	-0.6%	-2.4%	-2.4%		
40	3028	增你強	2012/02/01	爆量長紅突破	21.85	-0.2%	-4.3%	-4.3%	-3.9%	-5.5%	-5.9%	-5.0%	-4.6%	-4.6%	-4.3%	-4.6%		
41	2317	鴻海	2012/02/08	爆量長紅突破	101.5	2.0%	0.5%	1.0%	-0.5%	2.0%	0.5%	------	-1.8%	-4.6%	-3.8%	-4.3%	-2.5%	
42	2903	遠百	2012/02/09	爆量長紅突破	43.9	-2.4%	-1.4%	-2.6%	-2.8%	-9.3%	-3.4%	-11.0%	-9.2%	-10.4%	-8.9%	-6.6%	-7.6%	

在9個交易日後，績效平均達到＋11.51％，勝率近九成，也就是閉着眼睛挑都會挑到大漲股票。

以第9個交易日來統計總共選出的42支股票：

其中漲幅超過20％的股票有8支，機率19％，平均5支股票可以選到一支飆股。

其中漲幅超過10％的股票有21支，機率50％，平均2支股票就有一支。

重點是多頭走勢中，利用「爆量長紅突破整理區間」這個強勢選股條件進場，這些個股未來續漲的機率達到80％以上，如果你常常因為個股快速輪動，換股買時常買在高點，剛賣掉的股票就起漲的話，你一定要試試用這個追強勢股的方法來選股。

祕訣：從「爆量長紅突破整理區間」的績效表可以觀察到，要持續上漲的股票都是被選出來的兩個交易日內就會再次創新高點，如果走走停停，後面有好表現的機會不大，那就是換股的時候到了。

　　所以下次遇到這種錯失起漲點的情況怎麼辦？直接用「爆量長紅突破整理區間」這個條件來選股，一沒有續攻就換掉，一個月獲利三成以上是輕而易舉的事情。

　　這種強勢股該怎麼選？每天從一兩千支股票用肉眼看嗎？當然不是，玩股網的俏祕書飆股搜尋系統已經幫你做好了，在「飆股搜尋系統」右方的熱門選股設定中，直接按「爆量長紅突破整理區間」就可以馬上選出近期符合爆量長紅突破整理區間條件的個股出來（箭頭所指）。

更多爆量長紅＋突破整理區間的教學和例子可以看SOP第一集。

這支股票上有壓力、下有支撐，到底該怎麼操作呢？換別支只有支撐沒有壓力的做。

SOP 檢測表

認真落實檢查你的SOP致富程序是否到位，
你所期待的財富就會自動到位！

□ 安裝國際股市APP了沒？

□ 到哪裡看國際股市最方便又最即時？

□ 研究美股與台股之間的連動關係。

□ 評估接近尾盤才進場的優缺點，請找出適合
　你自己的操作方式。

□ 什麼是均線扣抵？請找幾支平常習慣操作的
　股票出來練習。

□ 什麼是騰落指標？請把大盤過去五年的K線圖
　拿出來對照看。

□ 為什麼要預先規劃盤勢？規劃盤勢的優點為何？

□ 書中利用了哪些判斷方法規劃盤勢？是否可以借來規劃最近的台股走勢？

□ 選股前有沒有確定方向正確？多頭選股票買進，空頭選股做空。

□ 如何輕鬆選股的幾個方法都練習過了嗎？

SOP Check List

這支股票上有壓力、下有支撐，到底該怎麼操作呢？換別支只有支撐沒有壓力的做。

Part4

最後提醒

投資人容易陷入的
迷思與謬誤

01

問自己一次：
你進入股票市場是為了什麼？

為了賺錢而操作還是為了手癢而操作？

常常看到很多人會每天都很想進場操作，就一直問我：你怎麼很久沒進場啦？要有行情不就跑掉了？

我通常回答，因為今天我判斷為最近是盤整區或是空頭，不好獲利，等到有波段訊號出來我當然會進場，朋友總是無法理解，或者說可以理解但是總覺得有點不甘願。

先退後一步想想，你進入市場操作股票或期貨的目的為何？是因為想操作，不然手會癢？手上沒有持股就沒有參與感很難受？還是為了要買低賣高賺差價？

當然是為了賺錢！

所以在股市中，任何與賺錢抵觸者無效，例如明明不是最佳進場時機卻進場，明明空頭買股票容易受傷卻硬要衝，明明盤整做期貨容易被兩面巴卻硬要加碼，這都是非常危險和愚蠢的事情。

請永遠記得：金融投資不是在比順山順水的時候誰賺比較多，而是在比不順的時候誰虧比較少。

02

投資致富的
唯一祕訣

在2011年底到2012年初當時每天的成交量都很少，有連續一兩個月幾乎每天成交量都只有五六百億，以歷史經驗來看當時買進股票（不融資）一定是相對低點，不用很久一定可以獲利，而且至少三成以上。

那陣子每天總是有一堆人來問我相同的問題：

是不是到了低點？

可不可以進場？

現在如果進場會不會套牢賠錢？

如果要進場要買多少？

買股票還是基金比較好？

買基金要單筆還是定期定額比較好？

諸如此類的問題問不完。

當時我在玩股網上連續寫了多篇文章勸所有投資人務必逢低買進，當然我沒有辦法確保哪天是行情轉折的最低點，我只知道那時是相對低點，買股票絕對安全而且有大甜頭可嘗，但是很多投資人都想要找到最低點，最好買進隔天就開始大漲特漲，他們忘記了投資其實重點並不是要買在最低點才能賺錢，只要在相對低點買進，在相對高點賣出就吃不完了。

舉個例子，在2003年巴菲特以每股1.6至1.7港幣的價格大舉買進中石油H股23.4億股，總共大概投了5億美金左右，他並不是買在最低點；到了2007年7月開始出脫到10月共賣了七次以上，獲利超過35億美元，結果賣完以後中石油繼續

上漲超過一倍，當時被全部人消遣，結果後來中石油出現大幅修正，到今天的價位已經遠低於當時他賣掉的價位。

重點就在這裡，股神巴菲特500億美元的財富是怎麼來的？

並不是因為他每次都買最低、賣最高，而是因為他能夠勇敢買在相對低點＆不貪心地賣在相對高點，光是這一點就足以讓他成為股神。

所以建議所有投資人都不應該把短期這一天兩天的得失看太重，甚至妄想能夠買在每次行情轉折的最低點＆賣在最高點，那是不切實際也做不到的。

在沒有什麼人願意交易的低成交量的相對低點分批進場，在大量區的相對高點分批出場才是投資股市致富的不二法門。

結果後來果然2012年2月開始就連續多天大漲，一個月漲了一千多點，很多個股漲幅超過五成，驗證了投資致富的

祕訣其實就只有一句話：在相對低點買進，在相對高點賣出。

　千萬不要搞錯，以為要在最低點買進，在最高點賣出才能致富，那反而會距離致富的終點越來越遠。

沒有哪種投資方法是完美，你應該選的是最適合你的投資方法。

03

季線判斷多空的
致命罩門

我時常提醒大家如果你對於股市並不是非常懂,用季線判斷多空就好。

今天收盤價在季線之上→偏多操作。

今天收盤價在季線之下→偏空操作。

雖然不會有超額的利潤,起碼不會一次就畢業,例如這次的下跌,如果你是跌破季線就出場的話,可以把股票賣在8600點左右。

但是我當時忘了提醒大家要考慮到指數當時的位置,所以操作心法應該修改成:

今天收盤價在季線之上＆「在8500點以下」→偏多操作。

今天收盤價在季線之下＆「在5500點以上」→偏空操作。

為什麼要考慮當時指數的位置？

例如像2011年，4、5、6月都在9000點附近盤整，季線自然會跟著漲到9000點，這時如果突破季線偏多操作的話，會買在接近9000點的位置（那時宏達電還有1200，年底卻是400保衛戰），那跟9000點以上加碼定期定額的傻瓜們有啥不同？

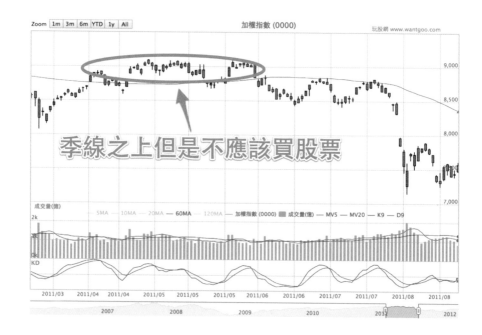

季線之上但是不應該買股票

　　所以大部分情況下，突破季線偏多操作是正確的，但是僅限於在8500點以下的時候，等到8500以上接近9000，甚至上萬點還偏多操作其實就是在追高了，不管後來是跌破季線就下車，還是捨不得下車套牢，問題其實都還是出在一開始進場點就太高，自然勝算就很低。

反過來講，如果已經跌到5500點以下的底部盤整，這時只要是買現股不融資，擺個半年一年幾乎沒有哪次不賺錢的。跌到5000點還一直想做空其實肉不多，反而要很小心一被軋空就是一大段。

　　結論就是用季線當作多空操作判斷是ok的，但是要把當時的位置也一起加進去評估，這樣操作的勝率會高很多。

為了你的財富著想，請拒看財經節目。

04

為什麼EPS和本益比
每次都不準

　　永遠記得盡量不要去以EPS和本益比選股，任何股票都
通用。

　　為什麼呢？

　　因為這些都是落後的資訊，股價會怎麼走是看未來而
不是看過去，股票走勢一定是提前反應，你會發現在獲利超
乎預期的財報發佈以前股價就提前上漲，甚至已經漲了一大
段，不管是哪一國的股票總是會有一些消息靈通人士已經事
前就知道會有好消息先進場卡位，等到月報、季報、半年報
出來早就不知道第幾手消息，更別說等你看到法人的建議以
後再去買，100％剛剛好買到事先買進那些人賺飽丟給你的
股票。

常常會看到一些股票爆出獲利預警，這一季虧損大利空，結果當天股價開低走高收最高，拉出長紅棒，隔天續攻開始波段漲勢，這就是基於市場預期這檔股票最爛也就這樣了，所以財報虧損消息確定反而變成利空出盡。

記得看本益比選股尤其不能用在景氣循環股，例如鋼鐵、塑化股之類的，因為是景氣循環，所以當中鋼今年賺很多錢，EPS會很高，股價不會多便宜，但是因為景氣太好，EPS太高，所以本益比看起來還是滿低的，一般投資教科書都會跟你講買這種股票，千萬別買，不然會被害死。

事實真相是它明年可能報價往下掉，EPS就降低，所以本益比自然就顯得太高，股價早就下跌，今年買進的全部套牢套很深，等融資戶都被斷頭以後，後年可能又谷底翻揚往上走。

REPEAT

所以會永遠重複買高賣低的動作。

　　特別是中短期投資人，既然打定主意要賺差價，影響股票中短期走勢有更多更重要的原因，例如籌碼在誰手上，或是技術面，所以大家會每次都覺得怎麼看本益比和EPS去做股票都套牢，就是這個原因。

05
買股就要買
最強的

　　很多投資人喜歡買補漲股，或者叫做第二名的股票，常常有人問我可以買哪支落後補漲股，我總是回答補漲股不買也罷。

　　例如台積電和聯電，我說就是買台積電，而不是看台積電漲高買不下手而改買聯電，買股就是要買最強的，不要去想買第二、第三強的。舉個例子，台積電和聯電分別是晶圓代工的第一第二名，結果大家看這幾年來台積電和聯電的股價表現，台積電強者恆強，本益比越來越高，每股盈餘是聯電的三倍多，但是股價卻是聯電的近六倍，這就是為什麼買股票一定要買產業龍頭股，在多頭的時候會漲的比較多，在空頭的時候會修正比較少，這是絕對不會改變的股票特性。

幾乎每個產業都有這個特性，請務必要買產業龍頭，不要買第二第三的股票，不過因為這是很容易陷入的股票迷思，大部分投資人都會嫌第一名的股票太貴，退而求其次選擇第二第三名的便宜股票，結果遇到一次多頭就發現波段漲幅少很多，再遇到一次空頭發現波段跌幅大很多，這時才會發現原來買股票要買最強的是股市大賺錢一定要知道的操作祕訣。

06
停損只是基本功

你一定聽許多人說過：

要在金融市場賺錢一定要大賺小賠（這句話沒錯），一定要果斷停損（這句話也沒錯），才能夠靠投資致富（這就跳太快了）。

做錯方向不打緊，我就砍掉停損！

又錯？再停損！

又錯呢？補錢後再砍掉停損！

如果連五、連六錯呢？甚至連十錯也是有可能的。

　　學會停損不眨眼這招不代表已經晉升高手，只是不會一次畢業而已，進門以後考驗還多著呢！！

　　例如停利，如果不學會設停利點，很有可能會抱上又抱下，我很久以前就幹過這種事，當時我融資在七十塊左右買聯電，不斷加碼只要有錢就買一張，最高到一百二十幾塊，沒出掉，又一路抱下來，最後斷頭在六十塊。這就是不會設定停利點的下場。用停損點移動法可以避免這種狀況。

　　又例如2011年底到2012年初，整整兩個月都是小幅度盤整，如果自我判斷或是自己的操作系統沒有辦法有效或起碼有限度的過濾一些假突破、假跌破，只是停損反作、停損反作（REPEAT）的話，兩個月上下兩百點足夠讓投資人傷筋動骨、蝕到老本，當然二三月大漲1300點的行情已經沒資金去賺了。

　　我很久以前就能夠果斷停損，可是又過了兩三年才勉強達到穩定獲利，賠錢還是會賠，只是穩定賺多賠少而已，所以從會停損到穩定獲利還有一大段路要走呢！

07

別再相信
沒有根據的說法了

　　你應該常常聽到電視上或是雜誌講到「節氣變盤」，其中包含中秋變盤、端午變盤、年節變盤、清明變盤……等，節氣變盤的由來是一九八八年的中秋節前夕，當時的財政部長郭婉容突然宣佈要徵收證所稅（注），造成中秋節過後無量崩盤19天！但是後來其實每年的節氣前後並沒有辦法歸納出明顯的漲變跌或是跌變漲，所以我只能說：「別再相信沒有根據的說法了。」

　　類似的說法還有哪些？十三號星期五，鬼門開，閏鬼月，開盤前不宜行房，會洩了精氣，一個比一個恐怖，會因此買股套牢，作期貨被巴，作選擇權歸零，我總是對電視上分析師講出這些話嗤之以鼻。

可能是因為很多人把股市投資和賭博搞混了，所以就把賭場迷信的那一套搬到股市來，當然，股市投資也需要一些運氣（又有什麼不需要運氣呢？），但是只靠運氣可能贏一次，不會贏一世，最重要的還是自己要作功課，要訓練好強壯的心臟，還有一些我之前文章講過的準備，這才是常勝之道。

注：一九八八年九月底，財政部對股票市場投下一個炸彈，「從一九八九年元月起，財政部將對股票投資人課徵證所稅，只要交易所得達到三百萬元，就必須課稅」，這樣的消息一公佈，在中秋節連續四天假期之後，一開盤股市就綠油油的一片。

聽聽當時的分析師怎麼講：「在跌的過程中，我們發覺到都沒有量，整個市場上面出現了非常恐慌的一個殺盤，也就是說下面並沒有任何人要接股票。股票市場是無量的崩盤，造成很多的投資人股票要賣都賣不掉，只能每天看著損失不斷擴大」

一九八八年九月二十四日公佈復徵證所稅之後，到十月一日一周內，成交量從三千一百四十三億萎縮到八億四千四百萬元，違約交割金額達到七億五千萬元，大盤也由九月二十四日的八千九百八十九點跌到十月二十二日的五千七百三十九點，連續四週，股市都以最低點收盤，下跌指數高達三千二百五十點，這樣的情況，投資人無不叫苦連天。

08
為什麼不能看
基本面做股票？

因為一般人把基本面的定義搞錯了，看到消息面以為就是基本面，這非常危險。

千萬不要把消息面當作基本面，大部分把股神巴菲特當偶像的人都很容易會犯這錯誤，什麼叫消息面，打開報紙證券版一眼望過去的幾乎都是消息，各公司的消息，例如友達併購廣輝，可望成為全球第一大面板廠、某某公司接到大訂單……等，這種往往利多一見報短線高點就不遠了，這就是所謂的大家都知道的利多不算利多。

而基本面牽扯的範圍就非常大，因為除了技術面以外通通都可以算是廣義的基本面，往外看從各國匯率、政治、國際局勢和主要股市情況、原物料，往內看延伸到產業類別、

股票種類、股票股性、個股在國內甚至全世界的排名及重要性、個股的籌碼集中與否、有沒有背後的富爸爸支持、可以做夢的程度……，拉拉雜雜還可以再講二十項沒問題。不相信？隨便舉個例子：前幾年最剽悍的股票之一就是太陽能股茂迪，可是茂迪會大漲特漲的原因呢？

第一油價漲不停，每天都再創高點，茂迪是做替代性能源的公司，自然是未來的趨勢，屬於可以做夢的股票，本益比可以提高為三十倍。

第二茂迪股本不大，流通在市場上面的籌碼不多，一群主力足夠可以把他炒起來，你買完我再買，反正只要炒高自然會有最笨的投信和更笨的散戶進來接最後一棒。

第三董事長鄭福田為人夠低調，媒體再幫他創造幾個辛苦創業熬了十幾年才有今天的成就（也不知道為什麼，某些這波漲高有題材的股票的老闆剛好不是受到偉大的母親的影響，就是白手起家的時候辦公室有多破，再不然就是有多不注重物質享受，例外者幾稀，媒體記者真的很喜歡做這

件事），自然而然認同這間公司的人會變多，以後買了套住也會想反正以鄭董這麼老實認真的老闆在拼，就當長期投資吧。

第四茂迪算是全世界前十大的太陽能公司，有競爭力。

再講更細一點，把第一個油價漲不停當成結果，我們來找原因。

首先當然是中國和印度需求量大增，兩個人口最多的國家要往上爬真是什麼都要用到石油。

第二就是老美和中東國家關係很差，打仗前雖然都先把對方妖魔化，但是總是沒人喜歡戰爭，美國戰備儲油又儲不停，幾乎已經成為大家都知道的油價利多。

第三就是國際炒家硬炒，把油價炒高好處多多，一方面可以直接經由作多石油期貨賺大錢，二方面油價漲還可以影響很多原物料走勢，例如黃金，再提早卡位，獲取暴利。

這只是隨便概略列幾條原因，如果要深究足足可以寫一

金融市場沒有不可能的事，太鐵齒的都已經死光了。

篇厚厚的報告，這通通都屬於基本面的範疇！我們可以想想跟一般分析師告訴你的所謂的基本面有何不同，分析師一定都說今年EPS多少多少，明年營收可望有多少多少，如果以幾倍的本益比來計算，就可以漲到幾塊，大部分都是假設、如果之類的，問題是如果沒照他們假設的情況走呢？分析師不會考慮到的，大部分散戶也都不會注意到。這就是我說往往很容易把消息面當成基本面的迷思。

　　更進階的基本面選股教學請參閱拙作《主力作手不願告訴你的操作祕訣》。

09
股市下跌
不需要任何理由

　　很多人喜歡拿一些奇怪的原因來解釋股市下跌，非常奇怪的原因，但是股票上漲時候卻很少人問說為什麼會漲，讓我說個德國股神科斯托蘭尼書中的故事給你聽：有個股市老手和幾個客戶舒適地坐在一起閒聊，有人提了一個問題：「我一直想知道，到底多頭市場和空頭市場是怎麼形成的？」

　　這時那位資深股票族就開始解釋：「我舉個例子，幾十年前，有一天報紙報導，一位英俊的蘇格蘭王子和一位迷人的西班牙公主訂下婚約。全世界都為了這對可人兒著迷，隨後對他們的婚約打探更多消息，也密切關注他們之間羅曼史的發展情形。這件事情在大眾之間引起正面的氣氛，也全面

樂觀的感染了歐洲股市。股市持續走升，許多投資人因此得到財富，變得極為富有，人們購屋、置產、投資，經濟一片繁榮。如此便有了多頭市場。」

所有在場的人都點頭贊同，他們記起來這段父母曾訴說過的黃金時光。股市老手續道：「但是有一天，雙方貴族家中傳出令人意想不到的壞消息；婚姻破裂，王子和公主吵架分開了。這個令人震驚的消息引起了股市中極大的危機，股票全面大跌，不只有人因為投資失敗賠光就全家一起自殺，更多是整間公司倒閉，老闆跳樓。這就是空頭市場。」

一陣受驚嚇後的靜默後，先前提問的那個人終於又問了一個問題：「貴族的婚約和股市有什麼關係？」股市老手答道：「奇怪了，當我解釋多頭市場的時候，你怎麼沒問這個問題？」

前陣子某一天股市下跌，有人就問我：「今天股市下跌是不是跟林書豪（王建民）輸球有關係？」聽到這問題，我都快昏倒了，請問他們輸球對國家競爭力有沒有什麼影響？

對國家經濟有沒有影響？會影響到某科技大廠的財報？還是會造成外資大舉撤資？都不會啊！那幹麼硬要幫下跌找理由呢？

股市下跌的唯一原因就是「意圖買進的力量小於意圖賣出的力量」。至於為什麼會買的比賣的少，可能是上千個原因互相影響導致，所以乾脆就直接解釋為時辰到了，並不需要堅持去找理由，而且通常找到的理由都是事後諸葛亮。問題在於反正股票已經跌了，錢已經賠了，再找理由又有什麼意義呢？應該把重點放在發現開始跌的時候你是不是夠機警知道情況不妙，要閃了，甚至反作，而不是等大盤真正跌慘才在哭著問說為什麼跌這麼凶。

一般來說在盤中我看到大盤下跌且我的股票翻空訊號出現，就直接翻空了，不會去問人或是看新聞說有什麼利空消息，那就太遲了，而且很多時候明明沒什麼消息，沒什麼原因，只是因為大盤跌，所以記者或分析師就只好硬掰出一個故事來解釋給投資人聽。

跌五成要漲一倍才能回本，這是常識。

　　我一直不懂錢都賠掉還去研究下跌的原因的目的為何，研究出來可以把錢拿回來接關嗎？

　　各位回想看看自己有沒有犯了我文中所說的愛幫大盤解釋下跌理由的毛病，有就想辦法改掉吧。

10

股市中並不存在
「安穩獲利」這回事

　　每當行情漲了一千點以上，就有人會開始想著可以安安穩穩的從股市獲利，因為常常三天賺到一個月薪水，一個月賺到半年薪水，多頭漲勢維持下去不用多久就可以準備退休，就算衰一點，打個八折好了，除了溫飽以外，舊Ford也應該明年可以換新BMW；下次老闆再罵我就把辭職信摔他臉上，反正我可以靠股票穩定獲利。

　　「財富決定自由」，我應該再賺幾年就自由了吧。

　　有沒有注意到上面有哪句話的邏輯出問題？沒錯！你不能事先預期「多頭漲勢會維持下去」這件事，所以並沒有穩定又讓人滿意的報酬這回事。為什麼我每次提到共同基金都說長期有平均年報酬率10％就算很棒了？一票人看了我寫的

東西來問我說，怎麼把基金報酬率寫這麼低，某甲今年賺了30％、某乙賺了50％，幾乎都遠遠超過我預期的10％，是不是楚狂人已經落伍了，資訊是三十年前的？我說真正的重點在於「平均」這兩字，多頭能夠賺50％的基金比比皆是，並不稀奇，問題是當遇到了總愛偷偷跟隨在多頭身後的空頭該怎麼辦？（為什麼講「偷偷」？因為每次當你發現遇到他的時候都已經賠海了）一整年都走空頭，加權指數腰斬再腰斬也不是沒經歷過，近的2000年，遠的1989年都是從萬點跌到兩三千點不是嗎？而以一般共同基金只會也只能作多的條件下，指數變成1/4，基金報酬率能夠剩下1/3已經算不錯了，平均一下年報酬率10％並不為過。

醒醒吧！投資理財，尤其是投資股票並不存在「穩定獲利」這回事，你今年賺兩成，明年可能虧四成。在股市中可以賺錢，可以大賺錢，可以賺成富豪，但是同樣也可能賠錢，賠大錢，賠成窮鬼。所以不要再妄想股市能讓你可以像上班一樣沒有風險的每月固定領薪水，那是不切實際的。（定存概念股被腰斬也是有可能的，中鋼從50塊跌到20出頭

也不過就前兩年的事情）

　　所以取而代之的應該是在局勢好、火紅多頭的時候盡量賺錢，情勢糟、慘綠空頭的時候明哲保身，持續一年又一年的賺多賠少，這才是對待股市或每一種投資工具正確的態度。

操作股票要獲利，記得：做的和你想的相反就對了。

11

你真的了解
危機入市是什麼嗎

　　大家都知道巴菲特會成為股神，瓦利德會成為世界第八富豪的原因是危機入市，也就是趁好公司受到系統性利空或是老闆做了一些蠢事，導致股價被錯殺時逢低買進，人棄我取，這是正確的，也是大賺錢的不二法門。很簡單的道理，不過我發現很多朋友其實並不了解「危機入市」的真正意義。

何謂「危機入市」？

上述提到的賺大錢法則有兩個要件：

1. 必須是獨佔性的大公司或是有特殊利基性商品的公司

2. 股價被誤殺

　　兩個條件有一條不成立就不一定會賺大錢，也就是說如果是一家爛公司在股價大幅下跌時並不應該買進。

　　看看巴老先生買哪些公司？可口可樂、富國銀行、中國石油……，這些都是有壟斷性或是有特殊利基性商品的公司。

　　阿拉伯王子瓦利德投資的花旗銀行，更是全球最大金融機構。

　　所以證明他們的確是有完整遵循遊戲規則，兩大要件都符合才買進。

　　看看反面的例子，之前有一次泰國政變叛亂，全國股價大跌，一個朋友趁勢買進泰國基金，但是我建議他有賺就好，趕快賣掉，因為泰國金融市場比較不穩定，如果把泰國當作一家公司來看，比較像是財務不透明的主力股，很危險。果然沒幾天就傳出泰國政府又爆大利空（注），當天跌了近3％，之前買的又賠回去。（還好那位朋友當機立斷直接出場，不然可能會賠更多。）

再好比之前的訊碟和博達，這種公司爆大利空不代表就該逢低買進，那不叫勇敢，那叫做活膩了。

　　所以危機入市並沒有這麼簡單，要投資任何一家公司以前都應該先做好功課，先研究這家公司的財務是否穩健、老闆行事風格是低調還是常常愛出風頭、整個產業是否走下坡、公司在產業中是否為龍頭或指標……等。

　　最後提醒大家，要想逢低買進記得要有投資公司作股東的準備，而不是抱著撿便宜、打帶跑的心態，投資以前記得先問問自己，如果這家公司沒有大跌我會不會買，我是因為它真的值得我投資而買進，還是單純因為便宜而買進？兩位大富豪到今天為止逢低買進的股票可是一張都沒賣喔。

注：泰國政府2007/1/9推出要限制外國投資的新規定，擁有泰國企業過半數股權或投票權的外資，必須在一年內降低持股至49.99%，兩年內降低投票權；外資利用的泰國人頭必須在90天內，申報替代外資持有的泰國企業股份。

12

金融操作
沒這麼簡單

金融市場每種現象都是多種目的和手段去綜合操作出來的，而且任意的過程和任意的結果是多對多的關係。

聽不懂我在講什麼對不對？

舉個例子給大家聽：大家看到美股收低，首先會想到的是什麼？大部分有一點經驗的投資人應該會猜測台股會開低，然後開低走高還是開低走低就再說。但是如果台股開平盤附近，甚至開小高呢？這時候應該用利空不跌來判定還是主力想要營造開高走低超長黑K棒的恫嚇？還有一種可能，台股開低震盪，整天都在低檔盤桓，然後第二天直接跳空開高走波段。

　　而且這只是現象，還需要探究美股收低的原因，是科技股出什麼大事？跟台灣的公司有沒有關係？台灣公司的ADR有沒有影響？影響是長期的還是突發狀況而已？

　　光是美股收低就可以衍生出來很多變化，難怪在金融市場散戶總是只有被宰割的份，當然你可能會想「我不會再犯以前那些愚蠢的錯誤了」，但是不只你會進步，主力也會進步。以前看融資餘額可以有效的判定股票頭部、底部，現在主力可能自己買融資，一方面騙人，二方面先卡位；以前只要有災害第二天就準備買股票，現在大家都這樣想，股票根本沒什麼跌，也就沒有逢低買進的機會。諸如此類的例子很多，顯示主力操盤的技術比你想像的進步還大，起碼大於你我小散戶吃虧學乖的速度。

　　我講這個只是提醒大家，如果有人想要做股票或期貨來取代上班領薪水可能並沒有你想像的那麼簡單，在順風順水的時候當然賺錢又快又多又輕鬆，但是當做股票遇上大空頭、做期貨遇上盤整兩面巴的時候，有沒有辦法耐得住，這應該事先要想清楚，才不會發生「看人挑擔不吃力，自己挑

擔壓斷脊」的慘事。

　　當然，投資觀念正確加上有好的投資技巧可以讓自己提早十年退休是沒有問題的，要建立正確的投資觀念和學到好的投資技巧的第一步就是要把我的三本投資書看過看熟，你踏出這一步了嗎？

買股票不應該強求買在最低點，要買在相對安全的點。

SOP 檢測表

認真落實檢查你的SOP致富程序是否到位，
你所期待的財富就會自動到位！

☐ 每次操作都確定自己有滿足買在相對低點，
賣在相對高點的致富祕訣。

☐ 有沒有又在預期每個月都能像這次一樣大
賺？

☐ EPS和本益比跟股價漲跌的關係為何？

☐ 買股票要買強勢股還是落後補漲股？

☐ 只看基本面操作有何缺點？

☐ 什麼叫做危機入市？

楚狂人進階課程簡介

1. 橫跨五大技術分析派別的13個實戰操作技巧（均線、量能、波浪理論、陰陽線理論、型態學）
2. 如何利用國際股市有效提高台股操作勝率（如何深入看美股和亞股）
3. 台股期指與台股現貨之間的綜合判斷技巧
4. 美股期指與台股之間的關係與特性
5. 形態學加強實用技巧
6. 私藏選股密技（選出飆股的SOP，必學技巧）
7. 手把手教你如何判斷未來行情走勢（以過去規劃盤勢的多個實例教學）
8. 楚狂人操作經驗與實用技巧（實戰操作經驗分享）

買股票不應該強求買在最低點，要買在相對安全的點。

空杯

感謝楚大！！

因本人住在高雄，苦等楚大下來高雄開課實在很難！

之前掙扎很久才北上上課，但上完課後，這兩天看盤操作順利多了！（學費應該回來了，還有賺）

課程中還認識了一些朋友，交流心得，在這謝謝楚大和玩股網的工作人員！

祝您們都能健康平安、財源廣進！

亞莉

昨天真是很高興可以來上這堂課，我是因為朋友才有機會知道並且來上楚大的課，昨天上完其實對我這個小小初學

者來說，破除我對股市的錯誤觀念及想法，還讓我了解技術分析，真的很謝謝楚大，因為他的課程及講話語調整個都讓我很自在的學習！！

QQ

楚大直接切入操作重點，簡潔明瞭，聽完之後不再有一片茫茫股海的感覺，而且也有風險的概念，希望有機會能再進修高階課程。

clark

好久沒有這麼令我振奮精神的感覺了，希望能讓我的投資路少走一些冤枉路……感謝楚大不吝於分享與教學……雖然要付出代價，但對我來說粉值得，如同之前以站內信件詢問楚大上完課能得到什麼效果？今天上完課，果真如楚大當初所答覆的：上完課後，就會粉有感覺！

期待下次的再相逢！！

市場上的錢賺不完，但是你口袋裡的錢賠得完。

smam

講義淺顯易懂，用實例佐證更是一目瞭然，是我覺得物有所值的課！

謝謝也辛苦您了！

阿豪

昨天的課真是太棒了，幾個技巧是自己平時在找股有用到的，但不像楚大把技巧研究的如此精細。又多學到許多新的投資技巧，期待楚大之後所開的高階課程。

momo

我實在太嫩了，都沒想好要準備什麼問題順便請教楚大～

不過上楚大的課實在受益良多～而且也很風趣～所以上課很開心^^我這兩天要好好做功課了～哈，期待下一次新的課程喔！

楚大，我從三年前就開始看您的投資文章，自從您開理財課程我也初中高階都有上，我覺得在茫茫股海中能看到您的文章和上到您深入淺出的投資課程實在是一大福氣！

希望您再多寫一些好文來救贖無助的投資大眾吧！！謝謝。

游先生

小弟參加無數的股市投顧的分析講座，大都講新聞面，概念股，講技術分析，讓人有聽沒有懂！

不然就直接報推薦的明牌，也不太知道Why？沒有自己的觀念且盲從東聽西聽。

聽投顧的語音卡，也都是講一些廢話。聽完還是不知如何挑股？

前幾日去東區聽楚狂人的講座，發覺他講得讓人很快的

市場上的錢賺不完，但是你口袋裡的錢賠得完。

吸收股票和技術觀念，淺顯易懂，現學現用，並舉許多楚狂人過去操股的經驗，如何找出問題所在？並且多多分析股票族、法人等人的操作心理。讓初學者很容易學會，並且有主見的運用技術分析去判斷股市，而非盲從隨報章雜誌和投顧起舞。

楚狂人講座是第一個讓我驚豔的股票投資解析教學！

真的能讓我馬上學到東西的老師！與眾不同！讚！

（學員迴響眾多，僅摘錄一部分，並做符號、錯漏字上的編輯處理）

楚狂人系列課程優惠券

回饋讀者，特別加贈！

玩股網進階會員會期
7天，總價值233元

請先免費註冊成為一般會員，以儲值序號加值為好野會員後，即可享以下權益：

1. 使用俏祕書人工智慧選股系統所有功能（包含進階版功能）。
2. 可於玩股網設定自選股，玩股網會自動設定停損停利價位，滿足價位時在盤中以手機簡訊通知。
3. 購買網站上所有投資文章，皆可享8折優惠。

本活動至2013年12月31日前有效

玩股財經學堂（W001）

楚狂人投資致富SOP2

建議售價‧470元

作　　者‧楚狂人

發 行 人‧楚狂人

出　　版‧玩股網有限公司

　　　　　地址：110 台北市信義區基隆路一段149號11樓

　　　　　電郵：service@wantgoo.com　網址：www.wantgoo.com

　　　　　電話：02-27671556　傳真：02-27671578

代理經銷‧白象文化事業有限公司

　　　　　台中市402南區美村路二段392號

　　　　　經銷、購書專線：04-22652939　傳真：04-22651171

印　　刷‧基盛印刷工場

版　　次‧2012年（民101）六月初版一刷

　　　　　2012年（民101）七月初版二刷

設計編印

白象文化 ‧ 印書小舖

www.ElephantWhite.com.tw

press.store@msa.hinet.net

國 家 圖 書 館 出 版 品 預 行 編 目 資 料

楚狂人投資致富SOP2/楚狂人著. 一初版.一臺北市

：玩股網，民101.06

　　面：　　公分. (玩股財經學堂；W001）

ISBN　978-986-88376-0-7（平裝）

1.股票投資 2.投資技術 3.投資分析

563.53　　　　　　　　　　　101009806